DE LA PRODUCTION ET DE LA VENTE DU SEL

DANS LE MIDI DE LA FRANCE.

DE LA PRODUCTION

ET

DE LA VENTE DU SEL

DANS LE MIDI DE LA FRANCE.

AIX,

IMPRIMERIE VEUVE TAVERNIER, GÉRÉE PAR MARIUS ILLY,
Rue du Collége, 20.

1850

Il n'est jamais trop tard pour mettre en évidence une
vérité méconnue : le moment pour le faire est surtout
opportun, lorsque l'erreur a été professée sans contra-
diction, avec une certaine assurance, et que l'opinion
publique a pu en recevoir une fausse direction. Celui
qui arrive pour la combattre et pour la redresser,
s'impose une œuvre au premier abord difficile, puis-
qu'il rencontre des idées qui peut-être se sont assises,

avant tout examen, dans l'esprit de plusieurs ; mais sa tâche, par une juste compensation, se trouve simplifiée : il sait où frapper, il substitue le vrai au faux et la réalité aux chimères.

Dans ces dernières années, on s'est vivement préoccupé de la question du sel ; on a sollicité l'abaissement de l'impôt qui pesait sur cet objet de première nécessité ; on l'a obtenu. En cherchant à atteindre ce but, des accusations odieuses ont été portées contre les producteurs de cette denrée dans le Midi ; on a présenté les prix de vente du sel comme exagérés et hors de proportion avec le prix de revient ; on a laissé de côté l'énormité des capitaux versés dans cette industrie, l'état de ruine des salins de 1814 à 1840, la destruction presque inévitable qui les menace, si on ne fait rien pour les sauver. On a transformé les nécessités provenant des disettes de sel et des mauvaises récoltes, en autant de calculs coupables, d'efforts illicites réprouvés par la loi. C'est avec ces dispositions d'esprit qu'on a parlé, qu'on a écrit et imprimé des actes d'accusation contre les producteurs de sel.

Ce qui doit être remarqué, c'est l'origine de cette attaque : elle est venue de la *Démocratie pacifique*.

Ces préventions ont été partagées par l'autorité administrative ; elles ont pénétré dans l'esprit de nos représentants, et laissé des traces dans notre législation.

Triste conséquence d'une erreur non contredite, quand elle a pris naissance ! Les producteurs de sel ont gardé le silence sur des erreurs propagées par des utopistes ; ils croyaient la vérité trop connue pour qu'on pût l'oublier ; ils se sont trompés. Ils se proposent de faire connaître aujourd'hui ce qui a été défiguré, méconnu ou ignoré. Ils diront ce qu'a été l'industrie du sel sur le littoral français de la Méditerranée, de 1790 à 1850, ses succès et ses désastres ;

Ils montreront que les débouchés sont de beaucoup inférieurs à la production.

Ils rechercheront le prix de revient du sel, et établiront que le prix actuel de vente laisse aux salins une perte très forte;

Ils constateront leur situation déplorable, et repousseront les accusations élevées contre eux;

Enfin, ils proposeront quelques remèdes au mal actuel.

Ce sera l'objet des divers chapitres de ce travail.

CHAPITRE PREMIER.

Histoire des Salins du Midi de la France. — 1790 à 1850.

Avant 1790, sous le régime de la gabelle, il n'y avait qu'un petit nombre de salins sur le littoral français de la Méditerranée.

Ces salins étaient les salins d'Hyères, Berre et Badon, en Provence ; les salins de Peccais, Peyriac et Sijéan, en Languedoc.

Une loi du 30 mars 1790 abolit la gabelle et laissa la vente du sel libre. Le prix de cette denrée s'établit aussitôt de 5 à 8 francs les cent kilogrammes, mis à bord ou sur char aux salins.

Il paraît que dans plusieurs salins les prix s'élevèrent même plus haut, puisque une loi du 27 septembre 1793 limita à 20 francs le maximum du prix des cent kilogrammes.

Le libre commerce de cette denrée et l'accroissement de consommation qui en résulta, eurent pour conséquence immédiate l'agrandissement des salins existants et la création de nouveaux établissements.

De 1790 à 1806, le prix du sel se soutint à une moyenne élevée. Il varia de 4 francs 60 c. à 8 francs, pour le sel livré à la consommation par charrettes, et de 2 francs 15 c. à 3 francs 37 c. pour les autres destinations (*note n° 1*).

Pour atteindre à une précision aussi rigoureuse que possible, nous avons puisé nos renseignements sur les prix anciens dans les archives de l'ancien propriétaire du salin de Berre. C'est le dépouillement d'une comptabilité exactement tenue qui nous a servi de guide.

En 1806, la nécessité de se faire des ressources décida le Gouvernement à établir une taxe sur le sel. Elle eut pour effet de restreindre la consommation ; mais les prix n'en furent pas sensiblement diminués. On les vit quelquefois pourtant descendre au dessous de 4 francs, dans la période de 1806 à 1813.

Quoi qu'il en soit, de 1799 à 1813, le prix du sel se maintint à un taux raisonnable. Les relevés montrent que la moyenne fut à Berre de 5 francs 30 centimes les cent kilogrammes (*note n° 1*).

Le débouché qu'on avait trouvé dans la fabrication naissante des soudes artificielles, et l'extension du marché ouvert à nos produits dans l'Empire français, agrandi vers le midi de l'Europe, permirent d'écouler les excédants de fabrication que la consommation intérieure ne pouvait utiliser. Heureuse circonstance qui paralisa le mal que pouvaient produire l'augmentation du nombre des salins, et l'accroissement progressif des récoltes !

C'est le cas de s'arrêter un instant, et de considérer quels furent pour les salins du Midi de la France, les résultats de la période écoulée de 1790 à 1813.

Les salins en général avaient produit des revenus convenables à leurs propriétaires. Leur établissement et leur exploitation avaient procuré du travail à un grand nombre d'ouvriers ; des terrains improductifs avaient été utilisés; transformés en terrains de première classe, ils produisaient au fisc une augmentation considérable de revenu. Les marais qui décimaient les populations, quand ils ne rendaient pas le littoral inhabitable, avaient été assainis. Enfin, les expéditions de sel donnaient du travail dans nos ports, et fournissaient à la navigation un article d'encombrement d'un prix peu élevé.

Cette période prospère fut suivie d'une période de ruine, pendant laquelle le public eut autant à souffrir que le propriétaire.

En 1814 l'Empire tombe ; les limites de la France se restreignent ; la taxe de consommation est augmentée ; nos débouchés diminuent considérablement.

De 1814 à 1830, faute de vente, les salins sont encombrés de leurs produits ; plusieurs récoltes, quelquefois quatre ou cinq, s'accumulent sur les *feuilles* ou *graviers*. Les prix s'avilissent ; ils tombent de 1 fr. 58 c. à 0, 61 c. par cent kilogrammes. Le peu de sel qu'il est possible de vendre, se livre au prix moyen de 0, 91 centimes (*note n° 1*), prix ruineux qui, loin de donner un bénéfice au producteur, ne lui offre pas même l'intérêt du capital engagé dans l'exploitation.

Peu d'établissements purent continuer leur fabrication : c'étaient les mieux placés. Encore durent-ils la restreindre. Tous les autres chômèrent et furent en grand nombre abandonnés.

Plusieurs Compagnies ne purent supporter cette longue série d'années désastreuses. Nous citerons la Compagnie des salins de Cette qui, après avoir dépensé depuis 1780 plus de 4,000,000 de francs pour l'établissement de ses salins, n'en obtint dans la vente faite en 1828 qu'un prix à peine suffisant pour donner 600 francs à chaque action qui revenait 20,000 francs.

Nous citerons les propriétaires des salins de Peccais, qui abandonnèrent définitivement plusieurs des quinze salins qui composaient l'établissement entier. Les actions de ces salins qui avaient produit plus de 1000 fr. de revenu annuel sous l'Empire, furent vendues en majeure partie, en 1842, à 500 fr. de capital.

Nous citerons les créateurs des salins de Rassuen, Citis, Plan d'Aren, Valduc, Fos, Étang du Lion, qui eux aussi vendirent à vil prix.

Nous citerons enfin les salins de la Quarantaine, de la Vignolle, de Badon en Camargue, qui furent abandonnés par leurs créateurs.

Avons-nous besoin d'expliquer que les propriétaires des salins n'ont pas été les seuls à souffrir dans cette période de

1814 à 1830? Les ouvriers employés au levage des sels, entre l'époque des moissons et celle des vendanges, au nombre de dix mille au moins, perdirent plus des deux tiers de leur travail. Les marins occupés au transport des sels durent désarmer leurs navires. La contrebande du sel devint plus active. L'insalubrité revint dans les lieux où des salins furent abandonnés. La perte d'immenses capitaux, en détruisant des fortunes particulières, porta atteinte au crédit général.

De 1830 à 1840, la fabrication des soudes prit une plus grande extension. Le développement du commerce maritime permit de vendre à la mer de plus grandes quantités de sel. Quelques établissements mieux placés pour la vente purent écouler tous leurs produits, lorsque d'autres moins bien situés continuèrent à rester pour ainsi dire abandonnés.

Cet état de choses se comprend facilement pour un article d'une *valeur intrinsèque* peu élevée, et qui, dans un parcours de *quelques lieues*, supporte des frais de transport et des droits de navigation aussi considérables dans leur ensemble que la valeur elle-même du produit.

C'est à cette époque que l'industrie salinière commença à sortir de sa longue léthargie ; que quelques établissements furent affermés, que quelques autres furent améliorés et mis en mesure de profiter des circonstances meilleures qui se présentaient. Indiquons la restauration des salins d'Hyères, de Bouc, Berre, Rassuen, Plan d'Aren, Citis, Badon, la Vignolle, partie de Peccais. Ajoutons le rétablissement à grands frais des salins de Cette , et la création de nouveaux salins encouragée par le développement commercial de ce port.

Dans cette période, la moyenne des sels, à Berre, fut de 1 fr. 30 centimes les cent kilogrammes, mis à bord ou sur char (*note n° 1*).

Si nous jetons maintenant un coup-d'œil rétrospectif sur la période parcourue par les producteurs de sel du Midi, depuis 1815 jusqu'à 1840 , c'est-à-dire , pendant 25 ans , nous les voyons supporter un prix ruineux qui n'atteint jamais le prix normal de revient, qui reste toujours beaucoup au dessous, et ne leur laisse, après le remboursement des frais déboursés , qu'un revenu extrêmement modique, lorsqu'ils n'ont pas été obligés de suspendre la fabrication, ou d'abandonner leurs établissements. C'est une position désespérée. Jamais aucune branche d'industrie a-t-elle, en un quart de siècle, soutenu tant d'infortune et de perte ? Quelle spéculation a rencontré jamais des conditions si dures ? Jamais les circonstances n'ont amené durant ces longues années une compensation à ces maux : et quelque chose de fatal s'est imprimé sur les efforts des producteurs de sel, pour en ruiner l'énergie et la puissance.

Que faut-il penser cependant de ceux qui, durant ce quart de siècle, se sont obstinés dans ce qu'ils avaient entrepris, qui n'ont pas désespéré de l'avenir, qui ont ajouté à leurs capitaux primitifs les capitaux nouveaux nécessaires pour conserver et améliorer ce qui existait ? Que doit-on surtout en penser, au point de vue gouvernemental , au point de vue du bien public qui ne se compose en définitive que du bien individuellement ressenti et éprouvé par chacun ? On doit dire que ces producteurs ont rendu de grands services à leur pays , en faisant face à la mauvaise fortune, en ne reculant devant aucun sacrifice pour perfectionner leur fabrication, malgré la dureté des temps. Il faut dire enfin que s'ils ont été plus heureux dans la suite, c'était une bien légère compensation à des pertes supportées avec tant de patience et de courage.

En 1840 eurent lieu les terribles inondations qui portèrent leurs ravages dans la partie la plus inférieure de la vallée du Rhône, depuis le port de Bouc jusqu'au grau d'Aigues-Mortes. Ces inondations ne détruisirent pas seulement presque tout le sel approvisionné sur les salins de Fos, de la Camargue et de Peccais, dont la masse s'élevait à plus de 125,000,000 de kilogrammes, et les établissements eux-mêmes, elles substituèrent encore des eaux saumâtres aux eaux salées des étangs qui alimentent presque tous les salins, et compromirent par là les récoltes futures de ces établissements.

A cette cause d'affaiblissement des récoltes vint se joindre une série d'années pluvieuses, pendant lesquelles les récoltes sur le littoral de la Méditerranée donnèrent une quantité de produits au dessous de la moyenne, notamment dans les années 1842, 1843, 1844 et 1845. Il faut noter aussi que les établissements ravagés ne commencèrent à donner des récoltes qu'après deux ou trois années d'interruption.

Le vide énorme dans les approvisionnements, causé par la destruction du sel, et l'affaiblissement de la production dans le Midi et dans l'Ouest de la France, mirent fin à l'encombrement des salins sur le littoral.

Ainsi les approvisionnements des salins de l'Hérault qui s'élevaient en 1841 à 112,388,600 kilogrammes, furent réduits successivement par les ventes à l'intérieur et à l'extérieur

Au 1er avril 1843, à 62,970,000 k.
«   1844, à 32,839,100
«   1845, à 29,978,300
«   1846, à 21,334,700

malgré les augmentations résultant des récoltes annuelles des salins conservés et de celles des salins rétablis.

Il en fut de même dans les Bouches-du-Rhône : les approvisionnements qui étaient,

le 1er octobre 1841, de 93,619,970 k.

furent réduits successivement,

au 1er octobre 1842, à 75,588,300 k.
«   1843, à 59,486,800

Dans le Gard, tous les sels ayant été détruits, les approvisionnements ne furent pas reconstitués avant quelques années.

Les choses arrivèrent à ce point que le gouvernement conçut des inquiétudes sur la possibilité d'approvisionner l'intérieur ; il fit prendre des renseignements par l'administration de la Douane, qui demanda après chaque récolte, et notamment en 1843, un état des sels existant dans chaque salin et des ventes présumées. On satisfit avec empressement à ses désirs par la remise de notes très détaillées.

Cet enlèvement rapide des sels accumulés ou produits dans la Provence et l'Hérault, vint donner à cette denrée une valeur qu'elle n'avait pas acquise depuis longtemps, et créa pour les salins du Midi une position analogue à celle où ils s'étaient trouvés de 1790 à 1813. Depuis 1814 jusqu'à 1840, l'offre du sel avait été toujours supérieure à la demande ; ce fut le contraire qui eut lieu de 1840 à 1847. Ceux qui n'avaient pas perdu leur sel, virent alors revenir cette prospérité qu'on ne connaissait plus depuis longtemps, et avec elle les nombreux avantages qui en sont la suite obligée.

Pendant cette période de temps, de 1840 à 1847, les mauvaises récoltes de sel dans l'Ouest de la France y firent monter le prix jusqu'à 8 francs les cent kilogrammes (*note n° 2*); dans l'Est, il se maintenait au prix de 5 francs les cent kilogrammes (*note n° 3*). On comprend que cet état de choses réagit violemment sur nos prix à la consommation. Aussi la moyenne s'élevat-elle à 3 francs 46 centimes pour cette destination (*note n° 1*).

Le prix du sel pour les ventes à la mer, pendant les années 1841, 1842 et 1843, est ressorti, mis à bord au port d'embarquement, au prix de 1 franc à 1 franc 50 centimes les 100 kilogrammes ; la moyenne a été de 1 franc 23 centimes. Pendant l'année 1844, les prix ont varié de 1 franc 20 à 1 franc 70 centimes ; la moyenne a été de 1 franc 51 centimes. Lorsque la pénurie arriva, beaucoup de demandes pour la mer, c'est-à-dire, pour l'exportation, la grande pêche et le grand cabotage ne purent être remplies ; pendant un certain moment, en 1845, si l'on n'avait pas élevé le prix des sels destinés à la mer de 15 francs le tonneau à 30 fr., soit de 1 fr. 50 c. à 3 fr. les cent kilogrammes rendus dans le port, et même refusé des ventes, le sel aurait manqué pour les besoins de la partie de la France qui s'approvisionne naturellement dans nos salins du Midi.

La pénurie constatée du sel, dans le Sud et l'Ouest de la France, décida le ministre des Finances à autoriser les armateurs à prendre en Portugal les sels nécessaires à la grande pêche. Le motif unique de son arrêté du 8 octobre 1845 est l'insuffisance de la dernière récolte, et la cherté du prix qui en fut la suite.

Resté pendant quelques mois à 3 francs les 100 kilogrammes

rendus dans le port d'embarquement, le prix du sel pour la mer tomba à 1 franc 50 centimes, dès que la récolte de 1846 fut faite, et, l'année suivante 1847, une bonne récolte ayant reconstitué complétement les approvisionnements nécessaires à la consommation intérieure et extérieure, le prix descendit à 11 et 12 francs 50 centimes le tonneau, soit 1 franc 10 et 1 franc 25 centimes les 100 kilogrammes, ainsi que cela résulte de la circulaire du Ministre de l'Agriculture et du Commerce, de novembre 1847 (*note n° 4*).

Le prix du sel pour les soudes, dans la période de 1840 à 1847, est ressorti de 1 franc 20 centimes à 1 franc 50 centimes, mis à bord au salin, dénaturé par le goudron et le charbon. La moyenne a été de 1 franc 33 centimes. Il n'a pas subi de grandes variations, parce que les sels étaient livrés en exécution d'anciens marchés, et que lorsque ces marchés ont été à renouveler, ni l'acheteur, ni le vendeur, traitant pour plusieurs années, n'ont dû ni pu prendre la pénurie actuelle pour règle du prix.

Dans ces années de disette, où les récoltes des salins du Midi étaient réduites de moitié pour les uns, complètement détruites ou nulles pour les autres, lorsque les demandes affluaient de toutes parts, parce que les prix étaient beaucoup plus élevés dans l'Est et dans l'Ouest de la France que dans nos contrées (*notes n°ˢ 2 et 3*), était-il possible que, contrairement à la nature des choses et à tous les principes d'économie, le sel se maintînt dans le Midi au prix de ruine de 1814 à 1830, c'est-à-dire, à un prix inférieur au prix de revient, et qu'il ne s'élevât pas jusqu'à la moyenne de 3 francs 35 centimes pour les sels de consommation, et à la moyenne de 1 franc 77 centimes pour les sels à toutes destinations (*note n° 1 et note n° 5*).

Les propriétaires de salins ne profitèrent pas, pour thésauriser , de la prospérité momentanée que leur avait procurée l'augmentation du prix du sel, de 1840 à 1847. Tous se hâtèrent, au contraire, d'employer leurs revenus et même d'autres capitaux à restaurer leurs salins. Leur exemple provoqua la création de nouveaux établissements. On peut évaluer à plus de 3,000,000 les sommes employées en terrassement, en machines à vapeur , en construction de navires , en boisages , en travaux de toute espèce. Ces sommes répandues au milieu des populations voisines des salins amenèrent chez les ouvriers une aisance qu'ils n'avaient pas connue depuis longtemps. La hausse du prix de la journée et la diminution de la fraude en sont une preuve sensible.

Nous ne citerons aucun salin en particulier, parce que tous furent améliorés, et que la chose est de notoriété publique.

Nous devons dire ici que les propriétaires des salins du Midi ont encore profité de leur prospérité passagère, pour perfectionner leur industrie jusques-là livrée à la routine. Leurs efforts ont été récompensés aux dernières expositions publiques par une médaille d'argent et par une médaille d'or.

La fabrication du sel a passé des mains d'ouvriers illitérés dans celles de directeurs intelligents : aussi l'on obtient aujourd'hui le sel plus ou moins cristallisé, plus ou moins blanc, selon le goût des acheteurs.

Les progrès de l'art du saunier ne se sont pas bornés à la fabrication du sel marin ; pendant cette période d'années, on a fait pour tirer parti des eaux mères d'abord des études nombreuses dans l'Hérault, sous la direction de M. Balard, membre de l'Institut, et ensuite des dépenses très considérables dans l'Hérault et dans le Gard.

Ces essais longs et coûteux qui ne pouvaient être poursuivis que dans de grands établissements, furent continués en Provence. Le succès a couronné les efforts de M. Balard et des propriétaires de salins ; après beaucoup de tâtonnements, une méthode sûre et facile a été trouvée ; il ne reste plus à faire aux salins dans lesquels on voudra se livrer à l'exploitation des eaux mères, que les changements et les constructions nécessaires. C'est une question de temps et d'argent. Outre le sel marin, on tirera des eaux de la mer des sels de potasse, du sulfate de soude, de l'acide chloridrique et de la magnésie. La France dotée ainsi d'une grande et nouvelle industrie, au lieu de demander à l'étranger les sels de potasse dont elle a besoin et qui deviennent toujours plus rares et plus chers, produira les quantités de ces sels qui lui seront nécessaires, et pourra même en exporter des quantités considérables à l'étranger ; elle ouvrira ainsi à nos ouvriers une nouvelle et abondante source de travail.

Reprenons l'histoire de nos salins dans ces dernières années.

Nous devons mentionner la loi présentée le 3 janvier 1848 à la chambre des députés. On sait que cette loi établissait au profit de l'état le monopole du sel, et qu'elle fut emportée avec le gouvernement qui l'avait proposée, par la révolution du 24 février. Ce qui est à remarquer ici, c'est que la régie du sel proposée dans la *Démocratie Pacifique*, en 1846, avait été formulée en projet de loi dans une brochure sortie, en 1847, des presses de la librairie sociétaire, et que le gouvernement d'alors l'avait acceptée comme une combinaison qui conciliait les intérêts du trésor et des contribuables. Disons aussi, qu'en acceptant ce projet, le gouvernement avait adopté les erreurs mentionnées dans ces écrits relativement aux salins du Midi. Des délégués des propriétaires de ces salins avaient été envoyé à Paris pour combattre ces erreurs auprès du gouvernement et des Chambres ; mais ils durent quitter la capitale le 24 février, sans avoir pu remplir leur mandat.

Le gouvernement provisoire adopta une autre idée, c'était celle de la suppression complète de la taxe, perçue par l'état sur le sel : il la réalisa par un décret du 15 avril 1848; mais comme les révolutions qui emportent tant de choses, n'emportent pas les préjugés et les préventions, un article du décret permit l'introduction des sels étrangers par mer sous pavillon français, moyennant 50 centimes par 100 kil., et livra ainsi la fortune de l'État et celle des producteurs à un avenir dont chacun put sonder avec effroi le danger.

La loi du 28 décembre 1848 fut rendue pour corriger ce qu'avait de ruineux pour l'État la suppression entière de la taxe du sel; mais elle laissa subsister la faculté d'introduction des sels étrangers, moyennant un droit de douane de 50 cent. par 100 kil. insuffisant pour protéger les sels français produits sur le sol du pays.

Une dernière loi rendue le 13 février 1849, a cherché à prévenir une partie des effets de celle du 28 décembre précédent, en augmentant le droit à percevoir sur les sels étrangers introduits par les ports de l'Océan et de la Manche ; mais elle a laissé subsister la règle précédemment posée pour les ports du Midi, et nos sels ne restent plus protégés contre les produits étrangers que par un droit de 50 cent., quoique ceux de l'Océan le soient par un droit de 1 fr. 75 cent. Nous avions manqué l'occasion de combattre les erreurs répandues sur le revient des sels du Midi, et il ne s'est alors trouvé personne qui ait pu faire revenir le Ministère et l'Assemblée Nationale de cette erreur.

Dans cette dernière période de 1847 à 1850, les excédants de sels se sont reconstitués.

Les récoltes ont été abondantes : dans l'Hérault et dans le Gard, dont les salins restaurés à grands frais ont repris depuis 1843 leur fabrication, elles dépassent 200,000.000 kilog. ; dans le département des Bouches-du-Rhône, elles dépassent 80,000,000 kilog.

Et comme aucune circonstance n'a fait augmenter les débouchés dans la proportion des excédants de production, il est arrivé alors ce qu'on avait vu d'autres fois, les salins les moins bien placés pour la vente, et sur lesquels l'accumulation des récoltes était la plus forte, ont été contraints de suspendre leur fabrication, entre autres les vastes salins de Peccais.

Il est bien vrai que la réduction de l'impôt, en 1849, a augmenté le débouché à la consommation d'une manière notable pendant la première année ; mais comme cette destination ne s'applique qu'à une petite partie de la production, l'effet sur la masse totale des ventes a dû être bien moins sensible.

D'ailleurs, cette augmentation de débouché a été compensée en partie par l'autorisation permanente de prendre à l'étranger les sels pour la pêche, en vertu de la loi du 23 novembre 1848.

et par l'introduction des sels étrangers pour la consommation intérieure, en vertu de la loi du 28 décembre suivant. Les six premiers mois de 1850 annoncent malheureusement que cette augmentation de consommation sera nulle ou peu importante (*note n° 6*).

Quant au prix, l'offre étant redevenue, en 1847, supérieure à la demande, il s'est avili, il est tombé jusqu'à 80 c. sur les salins, et à 9 ou 10 fr. le tonneau de 1000 kil. rendu dans les ports d'exportation, ce qui donne un produit net de 60 à 75 c. les 100 kil. sur les salins.

La réduction de l'impôt en 1849 a donné un peu plus d'activité à la demande, et les prix à la consommation ont éprouvé une faible hausse; leur cours actuel varie de 1 fr. à 1 fr. 25 les 100 kil. sur le salin, et de 10 à 11 fr. le tonneau rendu au port d'exportation, ce qui représente un prix net au salin de 70 à 80 c. les 100 kil.

Le prix moyen général des ventes à la consommation dans ces trois dernières années n'a pas dépassé 1 fr. les 100 kil.

Les salins qui avaient eu quelques revenus de 1840 à 1847, comme dans la période de 1790 à 1813, sont revenus, de 1847 à 1850, dans une période de ruine, comme celle que nous avons signalée de 1813 à 1830. Les producteurs voient de nouveau revenir plus menaçante que jamais la fatalité qui les a poursuivis un quart de siècle; il semble qu'elle annonce aujourd'hui un règne définitif, et que toute espérance doit être bannie.

Voyons dans les chapitres suivants la profondeur du mal, et les remèdes à y apporter.

CHAPITRE II.

Productions et Débouchés des Salins du Midi de la France.

Après avoir fait l'historique rapide des salins du Midi, de 1790 à 1850, il faut entrer dans le vif de la question, et faire connaître en détail leur situation actuelle par des chiffres et des calculs aussi exacts que possible. S'il se glisse des erreurs dans nos appréciations, il sera facile à l'administration de les rectifier au moyen de ses états officiels.

Le littoral français de la Méditerranée compte un très grand nombre de salins. La nature a convié ses habitants à verser leurs capitaux et à tourner leur industrie de ce côté. La mer qui le borde, les nombreux étangs qui pénètrent dans l'intérieur des terres, la disposition naturelle des plages, tout a appelé les efforts de l'homme vers la fabrication du sel, lorsqu'elle lui a paru productive.

La production actuelle moyenne des 53 salins du Midi s'élève à un total de 285,000,000 kil., total qui pourra arriver à 350,000,000 kil., lorsque certains établissements, récemment créés ou réparés, arriveront à leur fabrication normale, et que d'autres établissements, qui se sont restreints à cause du manque de débouchés, auront intérêt à donner de l'essor à leur fabrication. On en trouvera l'état très détaillé dans la *note nº 7*. Nous nous bornerons ici à en donner le résumé par département.

Dans le Var		4 salins produisent	35,500,000 kil.
«	les B.-du-Rh.	17 «	74,500,000
«	le Gard	11 «	85,000,000
«	l'Hérault	9 «	60,000,000
«	l'Aude	10 «	27,000,000
«	les Pyrénées-Or.	2 «	3,000,000
		53	285,000,000 kil.

À côté du montant de la production, plaçons celui des débouchés, et voyons le rapport qui existe entre l'un et l'autre. Ce rapprochement dira déjà si notre industrie est en voie de ruine ou de prospérité.

Il y a trois natures de débouchés pour les salins du Midi, la consommation intérieure sous acquittement des droits, la fabrication de la soude, les expéditions par mer. Voyons successivement à quoi s'élèvent ces divers débouchés.

Et, d'abord, occupons-nous de la consommation intérieure

sous l'acquit des droits. C'est notre seul débouché naturel normal et assuré. Une difficulté se présente pour fixer le chiffre de ce débouché. Prendrons-nous la moyenne de dix années antérieures à la diminution de l'impôt, ou bien prendrons-nous l'année qui a suivi la diminution? Nous n'hésitons pas à déclarer que si la loi est, à nos yeux, un bienfait pour les consommateurs et pour les producteurs, elle n'a pas eu et n'aura probablement pas les résultats attendus, quant à l'augmentation du débouché, du moins avant une longue suite d'années. Le résultat des six premiers mois de 1850 est là pour justifier notre assertion (*note n° 6*).

Nous devons dès-lors préférer la moyenne des dix années qui ont précédé la diminution de l'impôt, en l'augmentant toutefois de 20 pour cent, taux auquel nous évaluons l'accroissement probable de la consommation à cause de cette diminution d'impôt.

On voit par les documents officiels que l'impôt du sel a produit dans la période de 1838 à 1847 en moyenne 67,389,567 fr., ce qui correspond à une consommation de 224,632,000 kil. (*note n° 8*). Si l'on ajoute à ce chiffre 20 pour cent pour l'accroissement probable de la consommation, on obtient pour la consommation de toute la France un total de 269,558,400 kil.

Il reste à déterminer dans quelle proportion les salins du Midi entrent dans cette fourniture de sel nécessaire à la consommation de toute la France. Nous avons lieu de croire que les

sels du Midi y entrent pour	0,28 p. °/₀
les sels ignigènes de l'Est et des Pyrénées pour	0,22
les sels de l'Ouest pour	0,50
	1,00

Cette proportion donnerait aux salins du Midi un débouché de 75,476,300 kil., résultat qui doit être assez exact, car il se rapproche beaucoup de celui donné par l'évaluation directe de la vente à cette destination, d'après les notes de vente des salins de chaque département (*note n° 9*), augmentée de 20 pour cent. Adoptons 75,000,000 kil. pour la consommation, mais n'oublions pas que si les prix s'élevaient par manque de récolte ou autre motif, le sel étranger viendrait prendre une grande part dans ces 75,000,000 kil.

Le débouché aux soudes appartient plus particulièrement aux départements du Var et des Bouches-du-Rhône, dans lesquels se trouvent, à proximité des salins, les fabriques de produits chimiques du Midi; la moyenne des dix années donne pour ce débouché un chiffre de 23,000,000 kil. que nous adoptons comme représentant le débouché actuel aux soudes.

Les expéditions par mer forment la troisième nature de débouché des salins du Midi. Nous comprenons dans les expéditions par mer celles faites au grand cabotage, à la grande pêche et à l'étranger; nous n'y comprenons pas celles du petit cabotage, parce que bien que exportée d'un point de notre littoral méditerranéen, la quantité de sel qui en fait l'objet est débarquée et employée sur un autre point du même littoral.

Les expéditions à la mer, telles que nous venons de les définir, sont un débouché important pour les salins du Midi, mais c'est le moins assuré, le plus éventuel; les ventes par grand cabotage dépendent des récoltes du sel dans l'Ouest, auxquelles on est accidentellement appelé à suppléer, du fret de la Méditerranée à l'Océan, et des importations de sel de l'étranger; celles pour la grande pêche sont subordonnées au prix du sel dans l'ouest, au taux du fret et aux convenances qu'ont les armateurs à prendre leur sel à l'étranger, en vertu de la loi du 23 novembre 1848. Les ventes à l'exportation dépendent des prix de production et des ventes à l'étranger. Elles dépendent encore de la paix ou de la guerre, de l'affluence des navires dans nos ports, du fret et de plusieurs autres causes ; ce qui fait que l'exportation est le plus éventuel de nos débouchés.

Les expéditions par mer ont lieu par quatre points principaux, savoir : Cette, Bouc, Marseille et Hyères, seuls ports où puissent charger les navires d'un fort tonnage. Elles se sont élevées en moyenne à 62,000,000 de kilogrammes.

En récapitulant les débouchés des salins du Midi, on trouve qu'ils vendent en moyenne (*note n° 9*) :

à la consommation	75,000,000 k.
aux soudes	23,000,000
par mer	62,000,000
Total	160,000,000 k.

Or, nous avons vu, au commencement de ce chapitre, que la production s'élève à 283,000,000 k. Si les débouchés ne montent qu'à 160,000,000

Il y a annuellement un excédant de 123,000,000 k.

Cet excédant annuel de 123 millions de k., qui peut s'élever (p. 26) à 190 millions et dépasser même 200 millions, explique le passé dont nous avons fait l'histoire dans le premier chapitre. Il dit comment il a pu se faire que les récoltes se soient accumulées sur les feuilles ou graviers ; que certains établissements aient suspendu momentanément leur fabrication, d'autres pour

toujours, que les prix se soient avilis; que des Compagnies aient
été ruinées; que la misère ait remplacé l'aisance dans les populations voisines des salins; que nos marins au cabotage aient
perdu un des principaux aliments de leur travail; que l'insalubrité soit revenue dans les lieux d'où la fabrication du sel l'avait
chassée.

Cet excédant indique aussi quelle est aujourd'hui la position des salins. Elle doit ressembler à celle qu'ils ont eue de 1814
à 1840. En effet, les récoltes commencent à s'accumuler.

CHAPITRE III

Prix de Revient et de Vente.

Nous venons de montrer dans le chapitre précédent que la production dépassait de beaucoup les débouchés, et que cette situation était une cause de détresse. Dans celui-ci nous établissons un fait non moins déplorable, c'est que le prix de vente est au-dessous du prix de revient.

Il est d'autant plus essentiel de prouver cette dernière assertion que l'erreur contraire s'est emparée de l'*Opinion Publique*. C'est la *Démocratie Pacifique* qui, la première, a établi que

100 kil. de sel revenaient 47 cent. et, au maximum, 50 cent. ;
elle décompose ainsi ce revient :

Frais généraux	10 cent.
Levage du sel	12
Embarquement	10
Intérêt du capital variable suivant la proportion de l'usine de 10 à 15 c.	15
	47 cent.

De la *Démocratie Pacifique*, cette erreur s'est glissée dans l'ouvrage intitulé, *LE SEL. Impôt — Réduction — Régie*, dans les exposés des motifs des projets de loi, dans les rapports des Commissions des Chambres, dans les discours des orateurs.

Cette erreur fondamentale nous a causé et nous cause bien du mal. Elle a fait croire que les salins du Midi devaient se trouver satisfaits de vendre à une moyenne de 1 franc, qu'ils gagnaient beaucoup trop, lorsque cette moyenne s'élevait à 2 francs, qu'ils avaient dans ce dernier temps dépassé les anciens prix de vente, et qu'ils exploitaient le consommateur, en se procurant des bénéfices illicites; elle a servi de prétexte au projet de loi de janvier 1848 sur la régie du sel; elle a été cause de la disposition qui permet l'introduction du sel étranger moyennant 50 cent. pour les ports de la Méditerranée; aussi devons-nous mettre beaucoup de soins à la détruire. Prenons-la corps à corps.

Le prix de revient du sel, comme celui d'un autre produit industriel quelconque, se compose d'éléments biens distincts; l'intérêt du capital engagé, l'amortissement du capital et les frais de production. Il faut les examiner les uns après les autres.

Pour connaître à combien s'élève par cent kilogrammes l'intérêt du capital engagé, il y a à rechercher trois choses : le montant des sommes employées, le taux auquel l'intérêt doit être calculé, la quantité de sel qui doit supporter cet intérêt.

Quelle est la somme engagée dans tous les salins du Midi, soit pour leur création, soit comme fonds de roulement ? Cette évaluation est difficile ; il faut cependant essayer de la faire d'une manière aussi exacte que possible, en procédant du connu à l'inconnu. Par le chiffre connu du coût de quelques salins, nous arriverons à savoir ce qu'ont dû coûter tous les autres.

Le tableau renfermé dans la *note n° 10*, résume ce que nous avons pu apprendre de certain sur les salins de Rassuen (*note n° 11*), de Berre (*note n° 12*), de l'Étang du Lion (*note n°. 13*), et le salin Fraix (*note n° 14*) dans le département des Bouches-du-Rhône ; — sur ceux de Peccais (*note n° 15*) et de la Marette (*note n° 16*) dans le département du Gard ; — enfin sur ceux de Cette (*note n° 17*) et de Luno (*note n° 18*) dans le département de l'Hérault.

Il résulte du tableau de la *note n° 10*, que huit salins produisant 100,000,000 kilogrammes, reviennent à leurs propriétaires actuels 7,490,000 francs ; que leur exploitation exige un fonds de roulement de 1,365,000 francs, et que la totalité du capital engagé aujourd'hui est de 8,855,000 francs, non compris la perte éprouvée par les précédents propriétaires sur le capital de création, perte indiquée dans la sixième colonne du tableau.

Mais si l'on voulait tenir compte de cette perte, c'est-à-dire, de tous les capitaux employés à la création, on trouverait dans la septième colonne du même tableau, que les huit salins représentent, à l'heure qu'il est, une somme de 19,184,000 francs.

Il suit de ce qui précède, que :

1° Pour produire 1,000,000 kilogrammes de sel, il faut aujourd'hui engager un capital de 88,550 francs, et pour produire 100 kilogrammes, il faut engager un capital de 8 fr. 885.

2° Si l'on avait égard à la perte éprouvée par les précédents propriétaires, il faudrait dire que 100 kilogrammes de sel exigent, pour être produits, l'emploi de 19 francs 184.

3° Comme on doit à la rigueur ne compter que le capital engagé aujourd'hui, et négliger les pertes faites par les propriétaires précédents, comme ces pertes apprennent que le capital peut périr en la main du propriétaire, il y a lieu de compter dans le revient l'amortissement du capital.

4° La vente étant inférieure à la production, et le sel vendu donnant seul un produit, il faut de plus connaître ce qu'exigent de capital 100 kilogrammes de sel vendus. Si l'on a égard à la vente totale de 160,000,000 kilogrammes, 100 kilogrammes vendus exigent que l'on engage un capital de 45 fr. 773 ; si l'on n'a égard qu'à la vente à l'intérieur, 100 kilogrammes vendus exigent un capital de 33 fr. 649 (*note n° 19*).

Avec ces données qui ont une exactitude satisfaisante, il est facile maintenant de calculer quel est le capital engagé dans tous les salins du Midi. Si 100 kil. exigent un capital de **8 fr. 855**, **285,000,000 kil.** exigent un capital de **25,236,750 fr.** Telle est, en effet, la somme énorme que représente la valeur de tous les salins du Midi. Voilà une donnée fixée ; arrivons à la seconde.

A quel taux, doit-on calculer l'intérêt que doivent produire les fonds employés dans un salin ? Il est certain en économie financière, il est passé en principe qu'on doit retirer plus de 5 pour cent des sommes employées dans une exploitation industrielle. On a pensé que ce principe devait s'appliquer à la fabrication du sel par plusieurs motifs. Le premier se tire de l'incertitude de la production, de tous les dangers auxquels elle est exposée et de la difficulté de se défendre contre eux : une pluie continue, des pluies multipliées arrêtent la récolte, un orage la détruit ; comme le temps pendant lequel le sel peut se cristalliser est de trois mois au plus, tout le temps perdu se transforme en une perte sur la récolte et en un accroissement de dépense. Le second motif, est l'incertitude du placement de la denrée produite ; les variations de la politique, la quantité de sel récoltée dans les autres parties de la France et à l'Étranger, le taux du fret, le succès de la pêche à Terre-Neuve, les mouvements commerciaux des industries qui emploient le sel, communiquent cette incertitude au placement du produit des salins. N'a-t-on pas vu, de 1813 à 1840, les débouchés manquer et les salins encombrés de sel privés de revenus ? Ne faut-il pas que les temps prospères compensent les temps misérables ? Le troisième motif c'est que le sel, marchandise pauvre et encombrante, séjourne un an, deux ans, trois ans sur les graviers, si le placement n'en est pas facile, qu'il y éprouve un déchet proportionné à son séjour, qu'il y court des chances de perte totale par les inondations de la mer, des ruisseaux ou des fleuves voisins. Le quatrième motif se trouve dans la solvabilité des acheteurs : tout ne se vend pas au comptant, et il n'est pas rare d'être victime d'une faillite. Tout cela donne à l'industrie salinière ce caractère d'incertitude, qui exige un intérêt élevé pour compenser toutes les éventualités.

Dans beaucoup d'industries, on évalue de 10 à 15 pour cent le taux de l'intérêt qu'elles doivent produire. Nous fixerons seulement à 8 pour cent l'intérêt à retirer des capitaux employés dans les salins du Midi.

Il a été établi, d'une part, que les salins du Midi avaient une valeur de 25,236,750 francs ; d'autre part, que ce capital devait produire un intérêt de 8 pour cent ; il suit de ces données que l'intérêt qui pèse sur le revient du sel s'élève annuellement à 2,018,940 francs.

En divisant cette somme représentant l'intérêt des capitaux par la quantité de sel, on obtient celle qui grève chaque cent kilogrammes, et, par suite, le premier élément du revient du sel. Mais quelle est la quantité de sel sur laquelle on doit faire peser l'intérêt du capital ? Évidemment ce n'est pas sur la quantité totale de la production annuelle, mais sur celle des ventes, sur celle qu'il est possible de déboucher. On pourrait même soutenir que l'intérêt du capital doit ne porter que sur la vente sous acquittement des droits, qui seule est assurée, certaine, qui seule peut supporter la surélévation des prix dus à l'intérêt du capital, et que les sels destinés aux soudes et à la mer, ne pouvant supporter cette surélévation, ne doivent pas en être grevés dans nos calculs. Quoi qu'il en soit, le calcul renfermé dans la *note n° 20* prouve qu'en faisant supporter l'intérêt à toute la production, 100 kilogrammes de sel seraient grevés de 0 fr. 708 d'intérêt, qu'en les faisant supporter à toute la quantité vendue, 100 kilogrammes sont grevés de 1 fr. 261, enfin qu'en ne les faisant supporter qu'à la quantité vendue à la consommation, 100 kilogrammes sont grevés de 2 francs 691. Voilà une des premières données du prix de revient établi. En la comparant aux évaluations des brochures publiées en 1846 (10 à 15 centimes), on ne peut s'empêcher de regretter que les auteurs ne fussent pas propriétaires de salins, et que les propriétaires sauniers n'aient pas mis plus d'empressement à relever une erreur aussi grossière, aussi capitale.

Quant à l'amortissement, en voyant dans la *note n°* 10 les pertes éprouvées dans l'espace de 27 ans, de 1813 à 1840, sur le capital de création de huit établissements, on ne trouvera pas exagéré que nous portions à deux pour cent la somme nécessaire pour l'obtenir. Comme l'intérêt, l'amortissement varie suivant les quantités de sel qui doivent le supporter (*note n°* **20**).

Il y a maintenant à rechercher le revient de la fabrication. Il se compose d'éléments fixes et d'éléments variables.

Les frais fixes de fabrication sont les impositions, les traitements d'employés, l'entretien du matériel et des machines à élever l'eau, enfin celui de tout l'établissement.

Les frais proportionnels sont ceux du levage du sel, de couverture des camelles, de pesage et de mise à bord ou sur char.

Dans leur ensemble, les frais fixes et les frais proportionnels de fabrication ne peuvent être évalués à moins de 75 c. en moyenne par 100 kilogrammes ; séparément on peut évaluer les frais fixes à 45 centimes, et les frais proportionnels à 30 centimes.

La justification des détails de ces évaluations demandant trop de développements, il a paru convenable, pour ne pas trop allonger ce chapitre, de les renvoyer à la *note n° 21*. On remarquera d'abord que les exemples cités ont été pris sur de grands établissements, dont la comptabilité est bien tenue, ou dans des conventions connues et dont les conditions sont d'usage dans le Midi. On remarquera encore que les frais de la fabrication du sel étant presque tous en main-d'œuvre, l'augmentation du prix de la journée a dû augmenter d'autant plus le revient du sel, que les travaux publics et particuliers ont été plus actifs pendant ces dernières années.

Il en est des frais fixes de fabrication comme de l'intérêt des fonds engagés, ils pèsent d'autant plus sur la marchandise, que la quantité vendue est plus faible. Si l'on suppose vendus les 285 millions de kil. de sel que peuvent produire annuellement les salins, les frais fixes sont seulement de 45 c. par 100 kil. ; si l'on ne les fait peser que sur 160,000,000, ils ressortent à 80 c. par 100 kil. ; si, enfin, on ne les fait porter que sur les sels vendus à la consommation, ils ressortiront à 1 fr. 75 c. par 100 kil.

Il est temps maintenant de résumer tous les éléments du prix de revient et de les fixer (*note n° 22*). Comme il y a une partie de ces éléments qui varie suivant la quantité de sel sur laquelle

elle porte, il en résulte que le prix total du revient varie lui-même aussi, suivant les quantités de sel.

Ainsi, en supposant que l'on vende la totalité de 285,000,000 kil. produits par les salins du Midi, le revient total des 100 kil. est de 1 fr. 635. En supposant, au contraire, que l'on ne vendra que 160 millions de k., c'est-à-dire, la quantité moyenne vendue depuis dix ans à toute destination, augmentée de 20 pour cent en ce qui est de la consommation intérieure, le revient total des 100 kil. est de 2 fr. 676 ; en supposant enfin que tous les frais fixes et l'intérêt du capital doivent ne porter que sur les 75,000,000 kil. vendus à la consommation, le revient total des 100 kilog. serait de 5 fr. 374.

Ce résultat de nos investigations sur le prix moyen de la généralité des salins du Midi, doit être accepté comme exact, car il concorde, à peu de chose près, avec les notes qui nous ont été fournies par quelques propriétaires ou gérants d'établissements.

Cette concordance se rencontre seulement pour l'hypothèse dans laquelle nous supposons la totalité de la production vendue chaque année : c'est qu'en effet les propriétaires, auteurs de ces notes, n'ont calculé que dans la même supposition de la vente totale année par année de la récolte.

Et cependant cette supposition est loin d'être aujourd'hui la vérité, car des excédants s'accumulent et des salins chôment.

Si, comme nous, ils avaient établi l'hypothèse d'une vente partielle, ils seraient arrivés aux mêmes résultats que nous.

Ainsi, on peut voir dans la *note n° 11* relative à Rassuen, que le revient du sel dans cet établissement est de 1 fr. 73 c.

Dans la *note n°* 12, relative à Berre, que le prix de revient y est de 2 fr. 08 c.

Dans la *note n°* 13, relative à l'Étang du Lion, que le revient y est de 1 fr. 87 c.

Dans la *note n°* 14, relative au salin Fraix, à Bouc, que le revient y est de 2 fr. 81 c.

Dans la *note n°* 15, relative à Peccais, que le revient y est de 1 fr. 54 c.

Dans la *note n°* 16, relative à la Marette, que le revient y est de 1 fr. 80 c.

Dans la *note n°* 17, relative à Cette, que le revient y est de 1 fr. 52 c.

Dans la *note n°* 18, relative à Luno, que le revient y est de 2 fr. 34 c.

Dans la *note n°* 23, relative à Citis, que le revient y est de 2 f.

Dans la *note n°* 24, relative au Plan d'Aren, que le revient y est de 2 fr. 19 c.

Ces prix de revient se rapprochent beaucoup de celui de 1 fr. 635 que nous avons établi comme la moyenne générale.

Après avoir calculé le prix de revient moyen du sel dans le Midi, nous devons établir dans ce chapitre le prix moyen de vente dans ces dernières années. Le rapprochement des quantités produites et vendues a déjà fixé l'opinion que l'on doit se faire sur la situation misérable de l'industrie salinière ; le rapprochement du prix de revient et du prix de vente achèvera de convaincre ceux qui auraient besoin d'une nouvelle preuve.

Les prix de vente de ces dernières années sont faciles à

déterminer. Ici point de doute possible. Les éléments en existent partout : dans les carnets des courtiers, dans les factures des vendeurs, dans la mémoire de tous.

Les ventes se font le sel pris au salin, mis à bord ou sur char ; pour les ventes à la mer et aux soudes, la nécessité de se procurer des débouchés a amené les producteurs à vendre, rendu dans le port d'embarquement ou dans l'usine qui consomme. Pour nous reconnaître au milieu de cette diversité de prix, et pour rendre la comparaison avec le revient du sel exacte et facile, nous ramènerons chaque prix à celui du sel mis sur char ou à bord aux salins.

Le prix du sel à la consommation a varié de 75 c. à 1 fr. 25 c. ; sur quelques localités le prix a atteint 1 fr. 50, mais c'est la rare exception. La moyenne des trois dernières années n'a pas dépassé un franc ; et c'est pourtant le sel de choix, le sel le plus beau, le sel qui a plusieurs années de séjour sur les graviers, le sel cristallisé, blanc, sec, qu'on livre partout à la consommation, sel qui, par ses qualités, vaut beaucoup plus que le sel ordinaire ! Et c'est pourtant le sel qui se livre charretées par charretées, genre de livraison qui oblige à tenir dans le salin un atelier de portefaix, qui exige le pesage au plateau, et qui, par suite, est le plus coûteux pour la livraison !

Le prix de vente des sels pour fabrique de soude est de deux sortes : celui du sel livré en exécution d'anciens traités est plus élevé, celui qui résulte de traités récents est plus bas.

Le système de vente à livrer, adopté par les fabricants de soude pour la vente de leurs produits, a exigé qu'ils fissent également à livrer leurs achats de matière première, afin de connaître d'avance le résultat de leur fabrication. Le lien que les producteurs de sel s'imposent vis-à-vis de leurs acheteurs, a ses avantages et ses inconvénients : l'avantage, c'est de s'assurer un débouché pour plusieurs années, d'avoir un prix fixe à l'abri de l'éventualité de baisse ; l'inconvénient, c'est d'être tenu à une livraison, et d'être obligé de réserver sur le gravier de quoi y pourvoir dix-huit mois d'avance, c'est de n'avoir pas pour soi sur ces quantités les éventualités de hausse. C'est là une situation faite par la nécessité à deux industries vivant côte à côte dans les salins des Bouches-du-Rhône et du Var ; elles la subissent depuis longues années ; il faut en tenir compte.

Le prix du sel livré aux fabriques de soudes par suite d'anciens marchés, s'élève en moyenne à 1 fr. 20 c., celui résultant des marchés nouveaux, atteint à peine 1 fr.

Reste à établir à quel prix s'est vendu le sel expédié par mer, à la destination du grand cabotage, de la grande pêche, et de l'étranger. Les ventes à cette destination se font dans quatre ports principaux, à Hyères, Marseille, Bouc et Cette, où les vendeurs portent le sel à leurs frais ; le prix est stipulé à raison du tonneau de 1,000 k. mis le long du bord. Les prix des dernières années ont été 9, 10 et 11 fr. le tonneau dans les ports d'Hyères, Bouc et Cette, et de 14 et 15 fr. dans celui de Marseille. De ces prix il y a à déduire le courtage, les droits de navigation sur les canaux, la commission, le fret du salin au port d'embarquement. Le prix du sel mis à bord au salin est ressorti en moyenne à moins de 80 c. les 100 kil.

Si des trois prix moyens à la consommation, aux soudes, à la mer, on veut faire une moyenne générale, on arrive à ce résultat que la masse totale s'est vendue et se vend environ 90 c. les 100 kil.

Nous avons une justification de ce chiffre dans le résultat connu de la vente en commun du sel des Bouches-du-Rhône, dans l'année 1849. Dans ce département où les anciens traités avec les fabriques de soudes tendaient à relever la moyenne, elle a été de 1 fr. 02 c. mis à bord ou sur char.

CHAPITRE IV.

—

Position fâcheuse des Salins du Midi.

—

*Non-exagération des prix du sel en **1841** et années
suivantes.*

—

Il a été établi dans le chapitre précédent deux faits incon-
testables : la supériorité du prix de revient sur le prix de
vente, la supériorité de la production sur les débouchés. Ces
deux conditions de misère et de détresse avaient anéanti les
salins du Midi de 1813 à 1840. Elles furent suspendues de 1840
à 1847. Pendant ce temps, un peu de prospérité vint luire à

l'horison ; mais revenues depuis 1847, ces conditions de ruine ont produit et vont produire leurs fruits amers.

Quelques salins placés plus près des débouchés , sont assez heureux pour vendre une partie ou la totalité de leurs produits ; mais c'est à un prix qui leur laisse 60, 75, 90 c. de perte, à un prix qui réduit le revenu des capitaux engagés à un ou deux pour cent. Ceux-là sont les moins malheureux : il leur reste quelque chose dans le naufrage de leur fortune , leurs établissements sont entretenus ; que des chances de prospérité se présentent, ils sont en mesure d'en profiter.

Mais quel présent et quel avenir ne sont-ils pas réservés aux établissements qui se trouvent dans des conditions moins bonnes de production et de transport ! Leur mort plus ou moins lente est assurée.

En effet, les récoltes s'accumulent sur le gravier ; le fonds de roulement s'immobilise , ne produisant point d'intérêt , et diminuant au contraire par le déchet continuel des sels qui restent exposés aux chances de perte totale par inondation , comme cela s'est déjà vu dans le Gard.

Privé de son revenu, le propriétaire n'entretient plus son établissement, qui dépérit à vue d'œil, et il voit se joindre à cette perte du revenu la perte partielle et progressive de son capital.

Le propriétaire de salin n'est pas seul à souffrir de cet état de choses, le public y perd autant que lui : l'insalubrité renaît

par l'abandon du salin , sur ces plages que l'exploitation avait
assainies ; la marine perd le travail qui occupait et formait
des matelots ; les ouvriers du salin ne gagnent plus leur pain
de chaque jour ; la main-d'œuvre s'abaisse autour des établissements abandonnés.

Si l'on doutait de nos paroles, que l'on demande, d'une part,
aux propriétaires des salins, si leur position actuelle est prospère. Celui qui garantit 5 pour cent aux actionnaires de Berre,
dira combien il lui en coûte pour parfaire ce revenu. Les actionnaires de Citis diront quels dividendes ils ont reçus ; les propriétaires de Peccais montreront leurs vastes établissements inactifs
depuis deux ans ; les créateurs des salins de Carry, de la Roque,
de la Marette, du Repausset, de Lano, de Pérols diront leurs
cruelles déceptions.

D'autre part, que l'on s'adresse aux autorités locales, et l'on
saura les souffrances des ouvriers qui ne trouvent plus à gagner
leur vie sur les salins aujourd'hui en chômage ; que l'on s'adresse
au maire d'Aigues-Mortes , et il dira la misère de cette ville
depuis que le travail des salins y a cessé forcément.

Quand donc voudra-t-on s'élever aux considérations de
l'homme d'État ? Ne pas se laisser entraîner à un certain
instinct de jalousie ou de rivalité ? Voir dans une industrie, non
pas un nom d'homme, mais la France, son bien-être, ce qui
résultera pour elle de la ruine ou du succès de cette industrie ?
Suivre dans ses dernières conséquences les deux termes possi-
bles de toute entreprise humaine , la ruine ou le succès , et

mesurer les avantages ou les maux qui en reviennent à l'État, au pays ?

N'y eût-il que cette considération, elle devrait arrêter le téméraire qui juge sans avoir examiné.

Nous avons donc eu raison de dire que les propriétaires de salins étaient à plaindre, et qu'ils ne devaient faire envie à personne ; nous ajoutons ici qu'on n'aurait pas dû leur imputer à crime et trouver exagérée la hausse des sels de 1841 et années suivantes.

Eh ! non sans doute, la hausse du prix obtenu pendant quelques années n'a pas été le résultat d'une réunion illicite ; elle n'est ni énorme, ni monstrueuse.

Il ne faut pas perdre de vue les circonstances qui ont amené le mouvement ascensionnel du prix du sel : il est dû à la pénurie arrivée à la suite de l'inondation du Rhône qui avait détruit dans les salins du Gard des masses de sel suffisantes à la consommation annuelle de la moitié de la France, et qui empêcha ces salins de sauner pendant deux ou trois années consécutives. Il est dû encore à une série de récoltes moins abondantes, dans le Sud et dans l'Ouest de la France, occasionnées par des pluies et des inondations qui abaissèrent partout le degré des eaux et notamment celles de l'étang de Berre, qui de 3° tombèrent au-dessous de 1°, et celles de la Valduc, qui de 18° descendirent au-dessous de 12°; il est dû enfin à la nécessité de pourvoir aux besoins créés par ces inondations ou par ces mauvaises récoltes.

Et cela, qu'est-ce autre chose que la marche ordinaire du commerce, qu'une de ces chances heureuses qui surviennent quelquefois, qui sont toujours rachetées par des chances contraires ? Et ici particulièrement, qu'est-ce autre chose qu'une très légère compensation à des pertes considérables, à un long état de misère voisin d'une complète ruine ?

Le prix moyen des sels vendus à la consommation de 1841 à 1847, a été à Berre de 3 fr. 46 c., et la moyenne générale a été en-dessous de ce prix.

Mais ce prix des sels vendus à la consommation que l'on dit monstrueux, a-t-il atteint le prix de 20 fr. que la loi du 27 septembre 1793 et 29 septembre de la même année, avait fixé comme maximum ? Non, certes, il n'a pas même été d'un cinquième de ce prix. La distance est suffisante pour rassurer les plus scrupuleux.

A-t-il atteint les prix de 1790 à 1813 ? Non, car ces prix ont varié alors, pour la vente à la consommation, de 5 à 8 fr. et la moyenne fut, à Berre, de 5 fr. 30 c.

A-t-il atteint le prix de revient que nous avons établi à 1 franc 635, pour les cas où tous les produits sont vendus ? Oui, il l'a atteint, il s'est même élevé au double ; mais, qu'on le remarque bien, il n'a pas été vendu seulement du sel à la consommation, il en a été vendu aux soudes et à la mer, et c'est la moyenne générale des ventes à ces trois destinations qu'il faut comparer au prix de revient. Or, d'après la *note* n° 5, cette moyenne générale a été de 1 fr. 77 c. Ces prix que l'on dit monstrueux, sont donc des prix qui atteignent à peine celui de revient ; ce sont des prix suffisamment rémunérateurs dans le moment pour ceux qui ont pu tout vendre, mais qui n'ont pas donné la moindre compensation aux pertes anciennes et aux pertes actuelles ; ce sont des prix qui ont laissé des pertes à ceux qui n'ont vendu qu'une partie de leurs produits.

A-t-il atteint le prix de vente des sels dans l'Est ? Non, car dans la même période de temps, le sel se vendait dans l'Est, pour la consommation intérieure, de 3 à 9 francs les cent kilogrammes (*note n° 3*).

A-t-il atteint les prix de vente de l'Ouest dans le même temps ? Non, car le sel s'y est vendu à toute destination de 3 francs à 8 francs 50 centimes (*note n° 2*).

Enfin, a-t-il atteint le prix de 1 franc 50 centimes que le projet de loi du 2 janvier 1848 établissant la régie, offrait aux propriétaires des salins du Midi, comme minimum ? Oui, il a atteint et même dépassé de 27 c. ce minimum. Et qu'y a-t-il de surprenant que le minimum fixé par le gouvernement ait été dépassé dans des circonstances toutes exceptionnelles ? Ce minimum qu'il lui plaisait d'établir, n'était-il pas le résultat d'une foule d'erreurs répandues dans divers écrits publiés alors, où le revient du sel était ridiculement calculé, l'intérêt obtenu extraordinairement exagéré, les effets de la disette défigurés ? Le gouvernement mieux instruit n'eût-il pas fixé beaucoup plus haut le prix minimum des sels destinés à la consommation, qui ne forment que le quart de la production ?

Mais on fait une objection à laquelle nous devons répondre ici : on dit que le sel s'est vendu au détail à un prix exorbitant ;

que le consommateur a payé en moyenne le sel 50 centimes le kilogramme, pendant que le droit était de 30 centimes ; que des bénéfices monstrueux ont été réalisés au profit des producteurs.

Entrons dans quelques détails, et montrons qu'entre le producteur et le consommateur, il y a deux intermédiaires obligés, qui ont droit à un bénéfice légitime ; que ce bénéfice a été modéré : enfin que les intermédiaires seuls ont supporté la hausse du prix dans le Midi, et que le consommateur a payé le sel au même prix avant, pendant et après la hausse.

Avant d'arriver dans les mains du consommateur, le sel passe par celles du marchand en gros et du marchand au détail.

Les marchands en gros établis dans les centres de population, vont chercher le sel sur les salines par barques ou par charrettes suivant qu'ils reçoivent par eau ou par terre ; ils en font chez eux de fortes provisions dans les saisons convenables, et le revendent à d'autres intermédiaires, sans faire le détail au dessous de cent kilogrammes. Le marchand de sel en gros est ordinairement assez occupé par ce commerce, pour ne pas en faire d'autre.

Le marchand au détail achète du marchand en gros et revend au consommateur, qui vient la lui demander, la partie quotidienne de sel nécessaire à ses besoins, par kilogramme ou fraction de kilogramme. C'est ordinairement l'épicier qui revend le sel au détail, et en fait un article d'assortiment de son commerce.

Il y a souvent un troisième intermédiaire, qui se place entre le producteur et le marchand en gros , c'est le charretier qui achète pour son compte au salin , et porte le sel au marchand en gros, se contentant de prendre dans la vente un bénéfice qui lui assure un prix de voiture convenable.

Tel est l'enchaînement des ventes et la série des opérations qui se succèdent. Il suffit de les avoir indiquées, pour qu'on comprenne bien que la production n'est pas la vente en gros, et encore moins la vente au détail ; que, pour le producteur, tout se borne au prix de vente sur les salins ; que le bénéfice retiré par le marchand en gros, reste pour lui seul, comme compensation de ses peines, des chances qu'il a courues, de l'intérêt des sommes qu'il a avancées, de même que le bénéfice retiré par le marchand en détail doit encore rester pour ce dernier, par les mêmes motifs. Ainsi, la production, la vente en gros et celle au détail, sont trois industries distinctes, ayant chacune ses chances de gain et de perte ; elles ne doivent jamais être confondues.

Voyons si le marchand en gros a droit à prélever un bénéfice raisonnable , quand il vend au marchand en détail. Le marchand en gros va sur les salins, choisit les sels, acquitte les droits à la Douane, fournit les sacs, choisit et paye un voiturier, reçoit les sels chez lui dans un magasin , supporte le déchet qu'ils y font, fait les livraisons à l'acheteur, lui donne crédit, éprouve quelquefois des faillites, paye une patente, des commis, et emploie tout son temps à son commerce. Pour tant de peines et de chances, pour tant de fonds engagés, il est bien juste que le marchand en gros reçoive, outre le remboursement de ses débours, un bénéfice qui l'indemnise convenablement.

Le marchand au détail doit, lui aussi, être indemnisé. Il va prendre le sel chez le marchand en gros, fournit les sacs, donne au sel une place dans son magasin , fait l'avance des prix, supporte le déchet, perd la tombée sur les nombreuses pesées qu'il fait, éprouve des faillites, paye une patente et des commis, et emploie une partie de son temps à servir le consommateur.

C'est donc la force des choses qui grossit ainsi le prix primitif de la denrée, avant qu'elle ne soit arrivée au consommateur, puisque la fonction des intermédiaires est d'absolue nécessité, pour que cette denrée pénètre dans toute l'étendue du pays. Il est donc juste que ces intermédiaires obligés perçoivent un bénéfice, et il est souverainement inique d'imputer au producteur ces deux causes d'augmentation du prix de la denrée.

Cela posé , voyons à quel prix les sels se sont vendus en gros et en détail dans ces dernières années, et apprécions si le prix a été exagéré.

Prenons pour premier exemple ce qui s'est passé à Aix , Bouches-du-Rhône, ville très voisine d'un lieu de production. Le prix en gros y a suivi les variations des prix du salin.

Ainsi le droit net étant, par 100 k., de	28 fr. 55 c.
Le transport à Aix de	1 »
Le bénéfice pris par le marchand en gros de	0 50
Le total des frais a été de	30 fr. 05 c.
Le sel étant sur le salin de	1 50
Il s'est vendu à Aix	31 fr. 55
Lorsque le sel a augmenté de	2 »
Le prix en gros a été	33 fr. 55 c.

Quant au prix en détail, avant 1840, de 1840 à 1847 et après, c'est-à-dire avant, pendant et après la hausse, il a été toujours, à Aix, de 35 c. le kil.; cela vient de ce que notre système monétaire ne se prêtant pas aux subdivisions des 5 c., les denrées doivent se vendre à des prix ronds de 10, 15, 20, 25, 30, 35, 40 c. Le commerçant au détail se trouve par-là forcé tantôt de se contenter de 1 centime de bénéfice, tantôt d'en prendre 4 ou 5. De son côté le consommateur n'éprouve pas les variations de hausse et de baisse qui ont lieu dans certaines limites : le consommateur de sel, à Aix, n'a donc pas su si le prix avait varié en gros de 8 ou 10 pour cent.

Prenons encore pour exemple ce qui s'est passé à Lyon, ville éloignée d'un lieu de production, mais centre d'un grand débouché.

L'impôt étant, par 100 k., de	28ᶠ	55ᶜ	28ᶠ	55ᶜ
Les frais déboursés du marchand de	1	50	1	50
Son bénéfice de		50	à	1
La voiture ayant varié de	2	50	à	5
Et le sel de	1	50	à	3
Le prix en gros a varié de	34ᶠ	55ᶜ	à 39ᶠ	05ᶜ

Le prix du détail a varié de 40 à 45 c., suivant que le prix en gros passait de 34 fr. 55 c. à 39 fr. 05 c., et l'on comprend qu'il n'est arrivé à 45 c. que lorsque le prix du sel en gros a atteint le maximum de 39 fr., ce qui n'a eu lieu que deux fois et pour peu de mois.

On le voit, le marchand en gros qui opère sur de fortes quantités, prend un bénéfice qui n'est point exagéré, en

s'attribuant de 50 c. à 1 fr. 50 c. suivant les circonstances, les
chances et la position. Il faut bien que le marchand au détail
prenne de 1 fr. à 5 fr. pour se couvrir de toutes ses charges et
peines, lui qui, opérant sur de faibles quantités, est obligé
d'y trouver le bénéfice qui doit le faire vivre.

C'est le propre des marchandises pauvres de voir leur valeur
doublée, triplée, décuplée par les frais de route et de revente.
Il n'en est pas de même des marchandises riches, sur lesquelles
les frais sont presque sans influence apparente.

Ce qu'il faut remarquer surtout ici, c'est qu'il y a entre le
producteur et le consommateur, des intermédiaires qui souf-
frent ou profitent seuls, ou presque seuls, des mouvements de
hausse ou de baisse sur le prix du sel. Une différence de 1, 2
ou 3 fr. fait sur le kil. une différence de 1, 2 ou 3 c. qui est
supportée par le vendeur au détail, ou dont il profite sur le prix
ordinaire de vente qui n'est pas modifié. Et c'est là ce qui est
arrivé de 1840 à 1850 : le consommateur n'a pas supporté la
hausse dont on s'est plaint.

Nous pensons qu'on a cru remplir un devoir en se récriant
contre cette hausse ; mais on doit reconnaître aujourd'hui qu'on
s'est trompé, ou du moins que le reproche, s'il est fondé, doit
être adressé à d'autres qu'aux producteurs. En effet, les producteurs ne doivent et ne peuvent être responsable du prix au
détail, qui dépend des frais de route, de vente et de revente,
et qui est le fait d'autrui.

—◦◦—

CHAPITRE V.

Remèdes au mal.

Si quelque chose mérite faveur, c'est bien sans doute une industrie dont les grands développements dans le Midi remontent déjà à plus de 60 années, qui a versé des capitaux énormes sur des landes ou dans des marais stériles, qui a assaini les contrées insalubres dont le littoral méditerranéen est bordé, qui a procuré du travail à des milliers d'ouvriers et de marins, qui a supporté de très mauvais jours, qui, après un court retour à la prospérité, voit revenir à grands pas la ruine et ses conséquences ; une industrie pour laquelle le producteur se trouve dans l'alternative ou de périr, s'il reste dans l'isolément de

la concurrence, ou de dépasser les limites douteuses de l'art.
419 du Code pénal, s'il s'associe pour se sauver. Il y a là
quelque chose digne d'intérêt aux yeux du gouvernement :
c'est une calamité à prévenir, un malheur public à éloigner.

Nous savons que, d'autre part, les consommateurs sont
aussi dignes d'intérêt ; les pauvres dominent dans leur nombre,
nous en convenons sans peine.

Mais, nous osons dire bien haut que le consommateur ne doit
pas jouir d'un bon marché qui ruinerait le producteur. La justice,
une sage organisation de toutes choses, veut que le producteur
ne soit pas complètement sacrifié au consommateur ; le pauvre
a, le premier, besoin de laisser vivre et prospérer l'industrie. Il
y trouve sa vie et celle de sa famille. En lui donnant à vil prix
le sel qui doit assaisonner ses aliments, vous lui enlevez une
partie de son travail, car vous ruinez les salins où il le trouvait.
A raison de 6 kil. de consommation par tête et d'une baisse
de 2 c. par kil., vous procurez à une famille une économie annuelle de 36 à 48 c. ; mais vous enlevez à beaucoup d'ouvriers
leur pain quotidien. On cueille plus facilement le fruit de l'arbre
coupé au pied et abattu, mais l'arbre ne se relève plus, ne porte
plus de fruit.

Dans la question du sel, telle quelle est posée aujourd'hui
dans le Midi, ce n'est donc pas le consommateur, puisque la
hausse ne le touche pas, mais bien le producteur qui a droit à
toute la sympathie, à toute la bienveillance, à toute la protection
du gouvernement.

Aussi les producteurs du Midi appellent-ils de tous leurs vœux l'enquête que l'art. 2 de la loi du 13 janvier 1849 a ordonnée, tant sur la production que sur le commerce du sel. Ils ont la ferme confiance que la vérité jaillira éclatante de toutes ces investigations, et que les préventions défavorables s'évanouiront. Ils ont vu avec joie que dans la séance de l'assemblée législative du 10 juillet, le rapporteur de la loi sur la troque avait annoncé que l'enquête serait ouverte avant la fin de l'année.

En attendant le moment où ils pourront faire entendre leurs doléances et leurs réclamations, qu'il leur soit permis de faire connaître les moyens de relever leur industrie compromise. En les indiquant d'avance, ils appellent la discussion et l'examen. Ils facilitent par là l'étude du mal, la découverte de la vérité et l'adoption de remèdes efficaces.

Le sel étant une marchandise pauvre et encombrante, qui double de valeur par un transport peu long, il est d'une haute convenance de chercher à réduire tous les frais qui augmentent le prix des transports. Aussi, pensons-nous que l'État doit abaisser tous les droits de navigation sur les canaux, tous les tarifs des chemins de fer en ce qui touche le sel. N'est-il pas irrationnel que le sel paye un tarif supérieur à la houille, lorsque la houille a une valeur supérieure à la valeur intrinsèque du sel ? Ne serait-il pas convenable que le sel fût compris dans la classe des matériaux, des engrais et même dans celle de la houille qui est à l'industrie ce que le sel sera un jour à l'agriculture ? Cet abaissement de droit et de tarif facilitera les ventes à la mer et aux soudes, et profitera au consommateur de l'intérieur.

Dans les conditions actuelles de nos établissements, on ne peut fixer un prix unique de vente pour les sels.

En effet, si on fixe un prix suffisamment rémunérateur pour couvrir les frais de fabrication et l'intérêt du capital, ce prix praticable pour la consommation intérieure ne peut être appliqué à l'exportation. Car, en outre du prix, il y a ajouter des frais de transport et des droits de navigation qui élèvent le prix de vente à un taux de beaucoup supérieur à celui des salins d'Espagne, de Sicile, de Sardaigne, etc. Alors toute exportation cesse, la production est forcément réduite à la quantité nécessaire à la consommation; cette réduction aggrave la position et augmente le prix de revient.

Si, au contraire, le sel est offert tant pour l'intérieur que pour l'extérieur, au prix de 10 à 11 fr. le tonneau rendu dans les ports, cela représente le prix de 70 à 80 c. les cent k. sur le salin. Or, le maintien de ce prix pendant quelques années aurait pour résultat inévitable l'abandon de la majeure partie des salins du littoral.

Il faut donc nécessairement, pour les sels livrés à la consommation, un prix de vente suffisamment élevé pour couvrir l'intérêt du capital et les frais d'exploitation, et pour les sels destinés aux soudes et à l'exportation un prix voisin du revient de fabrication; alors ces destinations pourront employer des quantités considérables (*note n° 21*).

Avant 1840, l'État a pratiqué longtemps ce système pour le sel de l'Est de la France, en participation avec une Compagnie. L'administration des finances a suivi ces errements de 1840 à 1843, et les acheteurs de ces salins continuent à suivre son exemple et à appliquer ces principes.

Il faut donc admettre que le prix de vente dans les ports de mer doit être le plus bas possible, et que le prix du sel à la consommation doit être suffisamment rémunérateur. Au reste, cette différence de prix est complètement justifiée par la différence des qualités. A l'intérieur on livre les sels les plus beaux, les plus purs, les plus cristallisés et les plus secs, et comme le perfectionnement de la fabrication est incontestable, ne serait-ce pas là une très légitime cause d'augmentation du prix ? N'est-il pas juste de laisser la récompense arriver aux labeurs persévérants des industriels ?

Dans cette position, nous pensons que le sel vendu à l'intérieur devrait pouvoir être porté jusqu'à 5 fr. les 100 k., et pour atteindre ce but, les droits d'entrée qui ne sont que de 50 c. pour la Méditerranée, devraient être élevés à 3 fr. tant pour le Midi que pour le littoral de l'Océan et de la Manche.

Du jour où il sera permis d'atteindre à l'intérieur un prix de 5 fr. au lieu du prix actuel de 1 fr. 25 c., on pourra, en compensation, faire des concessions nouvelles sur les sels exportés, et établir des prix extrêmement modérés, surtout si des réductions sont faites en même temps sur les tarifs des canaux qui conduisent des salins aux ports d'embarquement.

Il ne faut pas perdre de vue que le sel est un article d'encombrement qui facilite les expéditions comme complément des navires de fort tonnage.

En Sardaigne, en Romagne, le travail des salins est fait par les forçats, la main-d'œuvre est nulle, le sel y est vendu à très bas prix (8 fr. le tonneau sous vergue).

A Torrévecchia et à Trapani, les sels sont vendus à des prix peu différents de ceux de la Sardaigne, parce que la main-d'œuvre y est à très bas prix ; une journée d'homme y est payée 1 fr. au plus ; les salins, situés au bord de la mer, livrent le sel aux navires sans frais intermédiaires de transport et de navigation.

Dans nos établissements, au contraire, qui ont tous, sauf quelques rares exceptions, à supporter des frais intermédiaires de transport et des droits de navigation, les frais de main-d'œuvre sont beaucoup plus élevés. Les journées y varient, dans onze mois de l'année, de 2 à 3 fr. par homme, et elles s'élèvent jusqu'à 5 fr., dans le mois de la récolte, pendant lequel il y a plus de travail que dans les onze mois réunis. Il ne faut pas perdre de vue non plus que la majeure partie des dépenses des salins ne consiste qu'en frais de main-d'œuvre.

D'après cela, quand nous vendons de 10 à 11 fr. le tonneau rendu au port, nous vendons notre sel meilleur marché que nos concurrents étrangers, quoique beaucoup plus grevés de frais qu'eux ; mais, en réalité, les capitaines payent le sel plus cher ; aussi, voyons-nous tous les jours, malgré nos prix aussi bas que possible, des navires partir en lest de nos ports pour aller prendre du sel en Espagne ou en Italie. Beaucoup de navires qui viendraient en France se dirigent vers l'Étranger, au grand détriment du travail de nos ports, du commerce maritime et du développement même du travail de nos salines, dont les plus importantes sont condamnées au chômage.

Tous ces inconvénients cesseraient pour nos contrées, si, comme nous l'avons dit, les droits d'entrée des sels étrangers étaient élevés de 50 centimes à 3 francs les 100 kil., et si le sel pour l'intérieur pouvait être vendu à 5 francs au lieu de 1 franc 25 centimes, prix actuel. Il doit être évident pour tous que cette augmentation ne ferait supporter aucune charge nouvelle au consommateur, et qu'elle offrirait, au contraire, de très grands avantages au pays.

Mais si l'État ne veut pas accorder aux salins du Midi ce droit protecteur de 3 fr. qui leur permettrait de porter le prix de vente des sels de choix à la consommation à 5 fr. les 100 kil. et de vendre par ce moyen à l'exportation tous les excédants de la production à un prix très réduit, si, disons-nous, nos législateurs trouvaient des inconvénients à cette combinaison, que revenant au projet de régie proposé le 3 janvier 1848, ils forcent les producteurs à livrer à l'État tous les sels destinés à la consommation à un prix qui les couvre de leurs frais de production et de l'intérêt de leurs capitaux, et alors ils s'imposeront des sacrifices pour livrer leurs excédants à l'exportation.

Nous avons dit que l'exploitation des eaux mères des salins

doterait la France d'une grande industrie; mais pour l'établir il faut verser sur les salins de très grands capitaux.

Cette nouvelle industrie ne pourra donc s'établir sur les salins du Midi, que lorsqu'une reprise plus générale des affaires permettra aux capitaux de se jeter dans des spéculations de longue haleine.

Alors, si le succès répond, comme il y a lieu de l'espérer, à l'attente des producteurs, les salins du Midi pourront se passer plus tard d'une partie des mesures protectrices qu'ils réclament aujourd'hui.

NOTE N° 1.

Prix moyen des Sels livrés par charrettes à Berre, pour la consommation, de 1790 à 1850.

De 1790 à 1798 ce prix à varié de 5 à 8 fr. par 100 kil.

De 1799 à 1814.

Le sel s'est vendu en	1799	au prix moyen de	5f	90c
»	1800	»	5	30
»	1801	»	4	90
»	1802	»	5	»
»	1803	»	4	85
»	1804	»	4	62
»	1805	»	4	65
»	1806	»	4	60
»	1807	»	4	80
»	1808	»	3	80
»	1809	»	4	20
»	1810	»	7	90
»	1811	»	5	56
»	1812	»	6	48
»	1813	»	7	54
»	1814	»	4	72
		MOYENNE GÉNÉRALE	5f	30c

De 1815 à 1830.

Il s'est vendu en	1815 au prix moyen de	1^f	27^c	
»	1816	»	0	63
»	1817	»	1	»
»	1818	»	1	58
»	1819	»	1	38
»	1820	»	1	15
»	1821	»	0	95
»	1822	»	0	82
»	1823	»	0	61
»	1824	»	0	62
»	1825	»	0	80
»	1826	»	0	77
»	1827	»	0	75
»	1828	»	0	75
»	1829	»	0	75
»	1830	»	0	75
	Moyenne générale		0^f	91^c

De 1831 à 1840.

Il s'est vendu en	1831 au prix moyen de	1^f	15^c	
»	1832	»	1	22
»	1833	»	1	18
»	1834	»	1	30
»	1835	»	1	38
»	1836	»	1	34
»	1837	»	1	29
»	1838	»	1	42
»	1839	»	1	39
»	1840	»	1	37
	Moyenne générale		1^f	30^c

De 1841 à 1847.

Il s'est vendu en	1841 au prix moyen de		2ᶠ	31ᶜ
»	1842	»	4	15
»	1843	»	4	38
»	1844	»	3	27
»	1845	»	2	40
»	1846	»	4	45
»	1847	»	3	32
	MOYENNE GÉNÉRALE		3ᶠ	46ᶜ

De 1848 à 1850.

Il s'est vendu en	1848 au prix moyen de		1ᶠ	25ᶜ
»	1849	»	1	»
»	1850	»	1	25
	MOYENNE GÉNÉRALE		1ᶠ	16ᶜ

Prix moyen du Sel à Berre pour les autres destinations que les ventes à la consommation par charrettes.

Il s'est vendu en	1796 au prix moyen de		2ᶠ	46ᶜ	les 100 k.
»	1797	»	2	52	
»	1798	»	2	15	
»	1799	»	2	85	
»	1800	»	3	22	
»	1801	»	3	02	
»	1802	»	3	24	
»	1803	»	3	02	
»	1805	»	3	37	
»	1806	»	0	90	
»	1807	»	0	60	
»	1808	»	1	02	
»	1809	»	1	28	
»	1810	»	2	»	
	1811	»	2	51	
»	1813	»	2	20	
»	1814	»	1	19	

Ces prix peuvent être considérés comme une moyenne pour tous les salins français du littoral de la Méditerranée.

Voici, du reste, quelques renseignements sommaires sur les prix de vente à Peccais (Gard) et dans les salins de Cette (Hérault).

A *Peccais*, de 1790 à 1796, on vendit le sel de 40 à 50 sols le minot, soit **4 fr.** 50 c. à **5 fr.** 50 c. les 100 kil.

En 1797, le prix varia de 32 à 50 sols le minot, soit 3 fr. 50 c à 5 fr. 50 c. les 100 kil.

De l'an viii à l'an xi, les propriétaires de Peccais vendirent leur sel à un acheteur à 25 sols le minot, soit 2 fr. 55 c. les 100 k. avec moitié des bénéfices en sus.

L'établissement fut ensuite affermé à 250,000 fr. par an, avec participation aux bénéfices.

En 1811, le prix était fixé, avec le même acheteur, à 95 c. le minot, soit 2 fr. 10 c. les 100 kil., plus la participation à la moitié des bénéfices.

En 1815, les sels étaient vendus à 55 c. le minot, soit 1 **fr.** 20 c. les 100 kil.

En 1816, les sels étaient vendus à 50 c. le minot, soit 1 fr. 10 c. les 100 kil.

Ce prix *ruineux*, qui ne permettait pas de payer de dividende aux actionnaires, ni même de faire face aux dépenses, se maintint jusqu'en 1840, époque où les inondations enlevèrent tout le sel qui se trouvait sur les salins, et forcèrent les propriétaires à vendre à grande perte un établissement qui avait coûté des sommes énormes.

Dans les salins de *Cette* le prix varia de 2 fr. à 2 fr. 50 c. le minot, soit 4 fr. 40 c. à 5 fr. 50 c. les 100 k. de 1790 jusqu'à 1809. En 1810 et 1811, il était de 1 fr. 75 c. à 2 fr. le minot, soit 3 fr. 85 c. à 4 fr. 40 c. les 100 k.

En 1813, il était descendu à 1 fr. 50 c. le minot, soit 3 fr. 30 c. les 100 kil.

En 1814, il était à 50 c. le minot, soit 1 fr. 10 c. les 100 kil.

De 1814 à 1828, il varia de 8 à 10 sols le minot, soit 90 c. à 1 fr. 10 c. les 100 kil.

Depuis 1814 jusqu'à 1828, les actionnaires n'avaient obtenu avec le prix ruineux de 1 fr. à 1 fr. 10 c. aucun revenu. A cette époque, l'établissement fut vendu, et les actionnaires n'obtinrent que 600 francs pour chaque action qui leur revenait à plus de 20,000 francs.

NOTE N° 2.

Prix du Sel dans l'Ouest.

Dans la période de 1840 à 1847, par suite des mauvaises récoltes et de l'écoulement des approvisionnements accumulés sur les salins, le prix des sels s'éleva de 3 fr. jusqu'à 8 fr. 50 c. les 100 k. Les prix les plus avantageux se pratiquèrent dans l'année 1845, et ils seraient montés plus haut encore, si l'autorisation ministérielle de prendre du sel à l'Étranger pour la pêche, n'était venue restreindre les demandes dans l'Ouest.

A partir de 1846, les récoltes sont plus abondantes, l'approvisionnement des sels pour Terre-Neuve, achetés pendant deux ans ailleurs que dans l'Ouest, reconstituent l'encombrement des marais salants ; alors les sels sont offerts, et les prix diminuent successivement.

En 1848, ils étaient tombés à 4 fr. L'introduction permanente des sels étrangers les fait descendre par des diminutions successives à 1 fr. 50 c. les 100 kil., prix qui s'est pratiqué pendant le premier semestre de 1850. La récolte de cette année paraît devoir être abondante. Si les orages ne contrarient pas les marais, il ne serait pas étonnant de voir le prix du sel à 1 fr. les 100 kil., prix ruineux dans l'Ouest comme dans le Midi.

Les marais salants de l'Ouest qui, avaient eu, de 1840 à 1847, des prix de vente aussi avantageux et même plus élevés que les salins du Midi, sont aujourd'hui, comme ces derniers, dans des conditions qui doivent amener leur ruine ou leur abandon.

NOTE N° 3.

Prix du Sel dans les Salines de l'Est.

L'ancienne Compagnie des salines de l'Est, associée avec l'État, et dont les écritures étaient soumises à la vérification de la Cour des comptes, à l'époque où la saline de Dieuze fut vendue, après la promulgation de la loi du 11 juin 1840, livrait les sels pris sur les salins de Dieuze, Montmorot, Salins, Arc, à 15 fr. les 100 kil., non compris la taxe de consommation.

Ce prix était établi pour supporter les charges de l'opération ; mais pour accroître sa production, et afin de répartir sur de plus grandes quantités de sel les frais généraux de l'exploitation, l'État livrait à l'Étranger à des prix bien moins élevés.

Ainsi, en juin 1842, les traités suivants étaient en cours d'exécution :

Gouvernement des provinces Rhénanes ,

les 1ers 2,500,000 k. de sel à 5f 40c les 100 k. pris sur les salines.

les 500,000 k. suivants 5f 10c » »

les 1,000,000 k. suivants 4f 55c » »

Tout l'excédant à 4f 10c » »

Gouvernement du Grand-Duché de Luxembourg, 1,000,000 à 1,200,000 k. de sel à 6 fr. les 100 k.

Canton de Berne, 600,000 k. à 9 fr. les 100 k. rendus à Correntay, soit 4 fr. 80 c. pris à Dieuze.

Canton de Bâle, 300,000 k. à 9 fr. les 100 k. rendus à Bâle, soit 5 fr. 50 c. pris à Dieuze.

Les ventes pour divers cantons de la Suisse qui s'approvisionnent à Salins, Arc et Montmorot, étaient faites aux conditions indiquées dans le tableau suivant :

PAYS.	Prix de 100 kil. de sel voiture compr	VOITURE PAR 100 KIL.			Prix moyen de la voiture.	Prix moyen net de 100 kil. de sel à la saline.
		Du Salins.	D'Arc.	De Montmorot.		
Pays de Vaud	10f	2f 32c	2f 92c	3f 16c	2f 80c	7f 20c
Genève. . . .	13	4 41	4 95	5 20	4 85	8 15
Berne.	11	2 93	3 43	3 68	3 35	7 65
Fribourg. . .	11	3 23	3 73	3 98	3 65	7 35
Neufchâtel .	10	1 82	2 28	» »	2 05	7 95

Le principe d'un prix de vente moindre à l'Étranger qu'à l'Intérieur, était admis par l'administration des finances ; mais tandis que cette différence n'existe dans nos contrées du littoral méditerranéen que pour l'Extérieur et les soudes, et que le prix du sel vendu pour la consommation intérieure, augmente de tous les frais de transports, en proportion de l'éloignement du salin, l'administration des salines de l'Est n'admettait pas ce mode naturel ; elle avait des entrepositaires qui vendaient à un prix à peu près uniforme. Voici le tableau des prix de Dieuze en 1841, pour ses entrepôts, avec les quantités vendues, les prix de voiture, et par suite le prix net à la saline pour chacune de ces localités.

Etat des sels raffinés vendus aux entreposants par Dieuze, en 1841.

DESTINATION.	QUANTITÉS Sel raffiné.	Prix de 100 k. sel pris à la saline.	Prix de voiture.	TOTAL.	Quantités de sel gemme	Prix de 100 k. sel gemme pris à Dieuze.
Remirecourt	521,700k.	13f 50c	4f. »c.	17f. 50c.	» »k	12f. 25c.
Château–Salins. . .	489,900	13 »	» 65	15 65	1,000	13 25
Bar–le–Duc, ...	303,900	11 75	3 50	15 25	1,200	2 »
Saint–Mihiel . . .	300,900	13 75	3 »	16 75	» »	3 75
Strasbourg.	1,888.000	13 25	2 50	15 75	400	12 »
Saint–Dizier. . . .	170,200	11 »	3 30	14 30	12,600	3 »
Vitry.	53,000	10 »	4 »	14 »	21,400	2 50
Mirecourt . . .	4 766,000	13 50	2 75	16 25	600	12 25
Paris.	123,300	3 »	6 50	9 50	242,500	1 50
Verdun.	372,900	13 40	3 50	16 90	» »	12 15
Saint–Avold. . . .	99,300	15 »	» 75	15 75	» »	6 »
Ligny.	241,700	13 50	3 25	16 75	400	4 15
Sédan	538,400	7 50	4 75	12 25	110,300	2 50
Bar–sur–Aube .	737,300	9 »	5 25	14 25	121,900	2 80
Vaney.	972,900	15 »	1 25	16 25	1,100	13 75
Wissembourg . . .	47,800	12 75	3 75	16 50	» »	11 50
Sarreguemines . .	533,400	13 50	1 25	14 75	5,800	6 »
Châlons–sur–Marne	602.100	3 »	4 50	7 50	195,200	2 »
Thann	3.399,700	11 »	4 50	15 50	400	7 70
Haguenau.	574,500	13 75	3 »	16 75	2,400	7 75
Metz.	812,100	14 50	1 75	16 25	» »	13 25
Freville	217,900	7 50	5 »	12 50	21,800	2 50
Gray.	1,896,200	8 50	5 »	13 50	188,200	3 »
Luneville.	819,100	15 »	1 10	16 10	17,600	13 75
Neufchâteau.	266,700	13 »	2 75	15 75	» »	3 »
Lure.	887,800	10 75	5 50	16 25	» »	10 50
Saint–Ménéhould. .	111,900	7 »	4 75	11 75	» »	2 50
Gœtzembruck . .	44,600	11 50	2 »	13 50	200	10 25
	18.795,200				944,300k	

Aprés la vente de Dieuze, les propriétaires n'ayant plus, comme leurs prédécesseurs, à payer une ferme et une part des bénéfices à l'État, qui ajoutait une surtaxe de 9 francs environ par 100 k., Le sel diminua de valeur; du prix de 15 fr. les 100 kil. il descendit à 5 fr. environ en moyenne.

Au mois de juin 1843, trois ans après la loi qui consacrait la libre fabrication, l'administration des finances transmettait à la saline de Montmorot les prix courants suivants, à établir pour la vente du sel.

4me Sous-direction

3me Bureau

SALINES DE L'EST

SALINE DE MONTMOROT.

CONTRIBUTIONS INDIRECTES.

EXTRAIT de l'état du prix définitif à payer en saline, et du prix de vente chez les traitants, à partir du trois juillet mil huit cent quarante-trois, pour les sels livrés à la saline de Montmorot.

Départements dans lesquels sont situés les entrepôts	Sous-entrepôts.	Prix du sel à payer à la saline.
	Lons-le-Saulnier	7f. »c.
	Voiteur	5 50
	Orgelet	5 »
	Clairvaux	5 »
	Bletterand	5 50
	Sellières	5 50
	Chaussin	5 »
	Poligny	4 50
	Champagnoles	4 50
JURA.	Saint-Claude	3 50
	Saint-Lupian	3 50
	Molenges	3 50
	Septmoncel	3 »
	Lajoux	3 »
	Arinthod	3 »
	Saint-Amour	5 »
	Cousance	5 »
	Saint-Julien	4 :
	Bourg	3 »

Côte-d'Or.	Dijon	3	»
	Beaune	3	»
	Saint-Jean de Losne	3	»
	Seurre	3	»
Saône-et-Loire.	Châlons-sur-Saône	3	»
	Louhans	5	»
	Cuiseaux	5	»
	Oyonnax	3	»
	Nantua	3	»
	Coligny	4	»
	Moirans	4	»

NOTE N° 4.

Pêche de la Morue.

Voici le texte d'une lettre par laquelle M. le Ministre du Commerce annonce aux armateurs pour la pêche, qu'ils ne pourront cette année s'approvisionner à l'étranger des sels nécessaires à la pêche de Terre-Neuve :

Novembre 1847.

Messieurs,

Les apparences d'une récolte qui se présentait comme devant être médiocre en quantité et en qualité, et d'un prix élevé sur les marais salants de l'Ouest, et la cherté du fret quant aux sels du Midi, paraissaient motiver la demande que plusieurs Chambres de commerce du littoral de la Manche ont adressée au gouvernement, à l'effet d'obtenir, pour la campagne de 1848, la prorogation de la faculté qui a été accordée aux armateurs à la pêche de la morue pour celle de 1847, de s'approvisionner en sels étrangers. Aussi M. le ministre des Finances s'est-il empressé, sur ma demande, de faire recueillir par l'administration des douanes des renseignements positifs sur les quantités de sel existantes et sur les prix de cette denrée. Ces renseignements font connaître que les appréhensions de disette que l'on avait conçues n'étaient heureusement pas fondées. En effet , les quantités de sel constatées après la récolte de l'année courante s'élèvent à un total de 626,000,000 de kil., dont 382 millions pour le Midi, 244 millions pour l'Ouest, quantités de beaucoup supérieures aux produits des dernières années ; le prix moyen est de 1 fr. 10 c. à 1 fr. 25 c. pour les premiers, et de 2 fr. 75 c. à 3 fr. pour les seconds, et la qualité des uns et des autres est généralement bonne.

Nos ressources en sel sont donc suffisantes pour satisfaire à tous les besoins jusqu'à la prochaine récolte , sans imposer aux armateurs pour la pêche de la morue des conditions trop onéreuses. Vous voudrez bien remarquer aussi, Messieurs, que le prix du fret dans la Méditerranée, qui s'était élevé, par l'effet de l'approvisionnement forcé en céréales étrangères, se trouve aujourd'hui ramené au taux ordinaire. Et cette circonstance parait ne devoir pas être sans influence pour limiter les prétentions des sauniers de l'Ouest, s'ils venaient à élever leurs prix.

Vous reconnaitrez donc, Messieurs, que la situation actuelle ne rend pas nécessaire la prorogation, pour la prochaine campagne de pêche, de la mesure prise pour la dernière, et, par ce motif, il a décidé, de concert entre les deux départements des finances et du commerce, qu'il n'y avait pas lieu d'autoriser cette année l'emploi exceptionnel des sels étrangers dans la préparation de la morue.

Agréez, Messieurs, etc.

Le Ministre de l'Agriculture et du Commerce,

CUNIN-GRIDAINE.

NOTE N° 3.

Moyenne générale du Prix de Vente des Sels dans les Salins du Midi de la France, de 1844 à 1847.

VENTE D'UNE ANNÉE.

QUANTITÉS moyennes.	DESTINATION ou emploi	Prix moyens par 100 k. mis à bord ou sur char.	MONTANT total.	
20,000,000ᵏ	Lyon	1ᶠ 55ᶜ	310,000ᶠ	
42,000,000	Consommation	3ᶠ 35ᶜ	1,407,000	
62,000,000	A la Mer	1ᶠ »	620,000	Prix qui revient à fr. 1,25, dans le port d'embarq.
23,000,000	Soude	1ᶠ 20ᶜ	276,000	Prix qui ressort à fr. 1, 30, pour le sel dénaturé.
147,000,000ᵏ			2,613,000ᶠ	

MOYENNE DES PRIX 1ᶠ 77ᶜ.

NOTE N 6.

Produit comparé de la Taxe de Consommation des six premiers mois de 1847, 1848, 1849 et 1850.

		1847.	1848.	1849.	1850.
Par l'Administration des Douanes.	Sels Français. .	23,800,245f	21,248,151f	12,253,952f	8,191,917f
	Sels étrangers .	»	»	312,200	161,005
	Total. . .	23,800,245f	21,248,151f	12,556,152f	8,352,922f
Par les Contributions Indirectes. .		6,206,487	5,746,717	3,035,301	2,148,738
	Total. . .	30,006,732f	26,994,868f	15,601,453f	10,501,660f

En ramenant les années 1847 et 1848 à la taxe réduite de 10 francs, on obtient le résultat suivant·

1847.	10,002,243f.
1848.	8,998,289
1849.	15,601,453
1850.	10,501,660
	45,103,645f
Moyenne. . . .	11,275,911f

NOTE N° 7.

État détaillé des Salins du Midi de la France et de leur Production moyenne.

	NOMBRE de salins.	PRODUCTION moyenne.	TOTAL.
VAR.			
Embiez	1	3,000,000^k	
Hyères et Gérard	2	22,500,000	
Pesquier en construction, fera déjà cette année	1	10,000,000	
(ensemble)	4		35,500,000^k
BOUCHES-DU-RHÔNE.			
Berre	1	15,000,000^k	
Étang du Lion	1	2,800,000	
Carry	1	100,000	
Dol	1	800,000	
Gaffette	1	1.800,000	
Frais	1	1,800,000	
Vidal	1	4,000,000	
Passage	1	400,000	
Ponteau	1	800,000	
Fos	1	3,000,000	
La Roque	1	1,500,000	
Rassuen	1	10,000,000	
Plan d'Aren	1	5,000,000	
Citis, qui peut arriver à 20,000,000 kil.	1	10,000,000	
Nord de la Valduc	1	8,000,000	
La Vignole	1	6,000,000	
Badon	1	3,500,000	
(ensemble)	17		74,500,000^k
GARD.			
Peccais qui pourrait produire beaucoup plus y compris le Perrier.	4	50,000,000^k	
L'Abbé et Saint-Jean	2	13,000,000	
Mourgues	1	6,000,000	
La Larbière	1	6,000,000	
Quarante-Sols	1	2,000,000	
Médard	1	4,000,000	
Marette	1	4,000,000	
(ensemble)	11		85,000,000^k
A REPORTER. . . .	32		195,000,000^k

	NOMBRE de salins.	PRODUCTION moyenne.	TOTAL.
Report.	32		195,000,000^k
HÉRAULT			
Bagnas	1	18,000,000^k	
Cette (Villeroy et Quinzième)	2	14,000,000	
Mèze	1	3,000,000	
Gramenet	1	2,000,000	60,000,000^k
Villeneuve	1	9,000,000	
Frontignan	1	9,000,000	
Luno	1	2,500,000	
Pérols produira environ	1	2,500,000	
	9		
AUDE.			
Estarac	1	3,000,000^k	
Peyriac et Saint-Jean	1	10,000,000	
Le Lac	1	1,000,000	
Tallavignes	1	3,500,000	
Grimaud	1	2,000,000	27,000,090^k
Leucate	1	1,500,000	
Sainte-Lucie	1	1,500,000	
Salin-Jules	1	2,000,000	
Ouveillan	1	1,500,000	
Fleury	1	1,000,000	
	10		
PYRÉNÉES ORIENTALES.			
Cordes	1	2,000,000^k	3,000,000^k
Durand	1	1,000,000	
	2		
	53		285,000,000^k

NOTE N° 8.

Sel consommé et Produit de la taxe, en France, dans la période décennale de 1838 à 1847.

ANNÉES.	PRODUITS DE LA TAXE.	QUANTITÉ CONSOMMÉE.
1838	62,675,591[fr]	208,920,000[kil]
1839	64,558,397	215,195,000
1840	64,921,890	216,406,000
1841	65,028,616	216,762,000
1842	69,000,807	230,003,000
1843	69,024,996	230,083,000
1844	69,379,911	231,266,000
1845	70,681,542	235,605,000
1846	68,272,925	227,576,000
1847	70,351,000	234,504,000
	673,895,675[fr]	2,246,320,000[kil]
LA MOYENNE EST DE..	67,389,567[fr]	224,632,000[kil]

Si à cette moyenne on ajoute 20 pour % pour l'augmentation probable définitive résultant de la diminution de l'impôt. . . . . 44,926,400[kil]

On a. . . . . 269,558,400[kil]

comme chiffre de consommation probable de toute la France.

NOTE N° 9.

Tableau présentant par destination les débouchés moyens des Salins du Midi de la France.

DÉPARTEMENTS.	QUANTITÉS DE SEL FOURNIES AUX DIVERS DÉBOUCHÉS			TOTAL.
	CONSOMMATION	SOUDES.	A LA MER.	
Var et Bouches-du-Rhône	15,000,000kil	23,000,006kil	26,000,000kil	64,000,000kil
Gard	28,000,000	»	»	28,000,000
Hérault	11,000,000	»	36,000,000	47,000,000
Aude et Pyrénées Orientales	8,000,000	»	»	8,000,000
Totaux. . . .	62,000,000kil	23,000,00kil	62,000,000kil	147,000,000kil

En augmentant de 20 pour cent le chiffre du sel livré à la consommation, on a le tableau suivant présentant la quantité totale des débouchés actuels des salins du Midi.

Consommation.	75,000,000kil
Soudes.	23,000,000
A la mer.	62,000,000
	160,000,000kil

NOTE N° 16.

Tableau présentant le capital engagé dans quelques salins et leur produit moyen en sel.

NOMS DES SALINS.	PRODUIT MOYEN EN SEL.	CAPITAL ENGAGÉ ACTUELLEMENT.			CAPITAL ENGAGÉ DEPUIS LA CRÉATION.	
		Coût du salin pour les propriétaires actuels.	FONDS DE ROULEMENT	TOTAL.	Perte sur le coût primitif éprouvée par les propriétaires précédents.	TOTAL.
Rassuen	10,000,000	650,000f	150,000f	800,000f	500,000f	1,300,000f
Berre	15,000,000	1,655,000	350,000	2,005,000	1,000,000	3,005,000
Etang de Lion	2,700,000	265,000	35,000	300,000	253,000	553,000
Fraix (Bouc)	1,800,000	520,000	30,000	550,000	»	550,000
Peccais	50,000,000	3,000,000	500,000	3,500,000	5,000,000	8,500,000
Marette	4,000,000	300,000	50,000	350,000	»	350,000
Cette	11,000,000	750,000	200,000	950,000	3,576,000	4,526,000
Luno	2,500,000	350,000	50,000	400,000	»	400,000
	100,000,000	7,490,000f	1,365,000f	8,855,000f	10,329,000f	19,184,000f
Donc pour tous les salins du Midi produisant.	285,000,000			25,236,750f	29,437,650f	55,674,400

NOTE N° 11.

La saline de Rassuen fondée, en 1805, par une Compagnie connue sous le nom de *Société de Rassuen*, et dont faisaient partie MM. Manuel, Thomas et Borély, coûta d'établissement environ 600,000 francs.

Les propriétaires actuels de cette saline l'acquirent en 1819 au prix 109,500 fr., ce qui indique bien en quel état l'avaient réduite plusieurs années d'abandon et les circonstances; ils y ont dépensé à leur tour pour la mettre en valeur d'abord et pour l'agrandir ensuite, plus d'un demi million, de telle sorte qu'elle a fini par coûter aux deux compagnies qui l'ont successivement possédée la somme considérable d'au moins 1,200,000 francs.

Cette saline peut produire actuellement 120,000 quintaux métriques, mais jusqu'ici elle a été loin d'atteindre ce chiffre, et sa production moyenne est restée fort en dessous de 100,000 quintaux métriques.

Supposons néanmoins une production qui soit, en effet, de 120,000 quintaux, et voyons, dans cette hypothèse, ce que devrait se vendre le sel pour produire un intérêt raisonnable de 8 pour cent, intérêt assurément bien modéré, si on considère ce qu'a de particulièrement chanceux une fabrication comme celle du sel.

Le capital engagé depuis la création étant de   1,200,000ᶠ

Le fonds de roulement de   150,000

Le capital total est de   1,350,000ᶠ

A raison de 8 pour cent, ce capital devrait produire   108,000ᶠ

Frais de fabrication de 120,000 quintaux, à 40 cent. par quintal,   48,000

Total de la recette brute,   156,000ᶠ

La production étant de 120,000 quintaux, il faut en déduire un seizième pour la redevance due à M. de Galliffet, soit   7,500 q.

Il faut déduire encore au moins un dixième pour déchet, si on est assez heureux pour écouler sa récolte en 18 mois, soit   11,500

On a ainsi une déduction totale de   19,000 q.

Au moyen de quoi, la quantité utile restant au producteur se réduit à 101,000 quint., disons mieux à 100,000 quintaux.

D'où la conséquence que pour produire la somme nécessaire de 156,000 fr., il faudrait vendre le sel sur le pied de 1 fr. 56 c. les 100 kil. sur le gravier, c'est-à-dire net.

Pour le livrer à bord des navires au port de Ranquet, il faut y ajouter.

Voiture de Rassuen à Ranquet par 100 kil.   0ᶠ 17ᶜ

Mesurage sur la saline.   0 07

Usure des sacs.   0 06

Total.   0ᶠ 30ᶜ

Ce qui porte le prix du quintal mis à bord à 1 fr. 86 c.

Depuis la mise en commun de nos sels, le prix des ventes, sel mis à bord, n'a pas dépassé 1 fr. 02 c.

Si on veut ne tenir aucun compte des frais de création de

la première Compagnie et ne se préoccuper que de la valeur engagée par la seconde, on a alors les calculs suivants :

Capital engagé par les propriétaires actuels.	650,000ᶠ
Fonds de roulement.	150,000
Total du capital.	800,000ᶠ
Intérêt à 8 pour cent	64,000ᶠ
Frais de fabrication comme dessus	48,000
	112,000ᶠ

Le sel devrait donc se vendre net sur la saline 1 fr. 12 c. et à bord 1 fr. 42 c.

Il ne se vend à bord que 1 fr. 02 c , la perte est donc de 40 c. par quintal, soit de 40,000 fr. sur 100 mille quintaux, quantité utile restant au producteur, au moyen de quoi l'intérêt du capital engagé n'est que de 24,000 fr. au lieu de 64,000, soit de 3 pour cent au lieu de 8 pour cent.

C'est-à-dire que les efforts prodigieux d'intelligence et de raison qu'il a fallu faire pour amener cette entente entre producteurs , aboutissent à procurer à la saline de Rassuen en particulier un intérêt de 3 pour cent ! Et certes , ce n'est pas l'établissement le plus mal partagé et le moins bien administré.

L'auteur de cette note n'a pas compris dans le prix de revient :

1° Les contributions	0,035	
2° Les frais généraux d'administration	0,070	0,312
3° La couverture des camelles	0,030	
4° L'amortissement	0,177	

Ce qui porterait le revient à 2 fr. 17 c. mis à bord et 1 fr. 73 c. au salin , toujours en supposant que la totalité du sel soit vendue.

NOTE N° 12.

Salin de Berre.

Dans un acte de partage entre frère et sœur fait en 1790, notaire Devoulx à Aix, le salin de Berre fut évalué au prix de un million huit cent mille francs 1,800,000ᶠ

Le propriétaire y joignit successivement diverses propriétés qui ont coûté 154,300

Il y fit des réparations foncières pour plus de 250,000

.... 2,204,300ᶠ

Jusqu'en 1814, il retira de sa propriété un produit raisonnable; mais depuis cette époque les revenus devinrent si faibles, qu'il a été heureux de céder le tout à une Compagnie par acte du 29 juin 1836 au prix de   1,200,000ᶠ

en s'obligeant à garantir l'intérêt au cinq pour cent des actions de la Compagnie.

Il a donc éprouvé une perte d'un million sur le capital, sans compter la perte d'intérêts de 1814 à 1836, et depuis la création de la compagnie jusqu'à ce jour.

La Compagnie actuelle a employé en réparations foncières la somme de   455,000

Le fonds de roulement engagé s'élève à   350,000

La valeur actuelle de la saline est donc   2,005,000ᶠ

Soit en chiffre rond 2,000,000 fr.

L'intérêt à retirer devrait être du 8 pour cent, à cause des chances de ce genre d'industrie, soit 160,000 francs, et si l'on avait égard au million perdu par le précédent propriétaire, l'intérêt à retirer serait 240,000 fr.

La production de ce salin est en moyenne de 15,000,000 k. Si l'on remontait jusqu'à 1836 pour établir la moyenne, elle serait inférieure à ce chiffre.

En déduisant pour déchet un dixième, la vente de chaque récolte ne pouvant être opérée qu'en deux ans environ, il reste 13,500,000 kil.

Pour que cette quantité produisît net l'intérêt indiqué plus haut, elle devrait se vendre sur les graviers,

Dans le premier cas   1ᶠ 18ᶜ les 100 kil.

A quoi il faut ajouter pour frais de fabrication et d'expédition, par 100 kil.   0 65

Ce qui porterait le revient à   1ᶠ 83ᶜ les 100 kil·

Dans le second cas elle devrait se vendre sur les graviers   1ᶠ 78ᶜ les 100 kil.

Ce qui avec les autres frais   0 65

Elèverait le revient à   2ᶠ 43ᶜ les 100 kil.

Or, depuis 15 mois, quoique les qualités aient été soignées, le prix moyen de vente n'a été que de 1 f. 02, frais d'expédition compris. Il y a donc une perte de 81 c. par 100 kil.

Maintenant, si du prix actuel qui est de   1^f 02^c
on déduit tous les frais   0 65
—————
Il reste net   0^f 37^c

Si nous comparons le résultat de ce prix net de vente à la somme engagée 2 millions, nous trouverons qu'il donne 2 et demi pour cent d'intérêt annuel.

En effet, en multipliant 13,500,000 k. par 0^f 37^c, nous avons un produit de 49,950 fr. représentant un intérêt de 2^f 49^c pour cent de la somme de 2,000,000.

———

Dans cette note il y a deux omissions, celle de l'amortissement   0^f 177
et celle des frais d'administration   0 070
—————
0^f 247

Ce qui élèverait le revient dans un cas à 2^f 08^c, et dans l'autre à 2^f 68^c, toujours en supposant que la totalité du sel soit vendue.

———

NOTE N° 13.

Étang du Lion.

Ce salin revenait à ceux qui l'on successivement créé et amélioré 500,000 fr.; mais vendu et revendu , il a laissé en définitive sur la dépense de création une perte de 253,000 fr.

En effet, il a été acheté récemment aux enchères publiques au prix de — 247,000ᶠ

En ajoutant les frais d'acquisition — 18,000

Et le fonds de roulement — 35,000

On a un capital engagé de — 300,000ᶠ

Pour qu'on retirât le 8 pour cent du prix d'achat et autres fonds engagés actuellement, il faudrait un produit net de — 24,000ᶠ

Le salin produit en moyenne — 2,600,000 k.

A déduire pour déchet un dixième — 260,000

Reste à vendre — 2,340,000 k.

Or, comme 2,340,000 k. coûtent de fabrication

à 0ᶠ 50ᶜ les 100 kil. — 11,700ᶠ }

Et d'expédition à la vente — 2,340 } — 14,040ᶠ

Pour couvrir les dépenses, il faudrait que la récolte s'élevât à — 38,040ᶠ

C'est-à-dire, qu'il faudrait qu'elle se vendit à raison de 1ᶠ 62ᶜ les 100 kil.; et si l'on avait égard aux 253,000 francs perdus par le précédent propriétaire, l'intérêt à retirer serait de 58,280 fr., et le sel devrait être vendu à 2ᶠ 49ᶜ les 100 kil.

Or, depuis 15 mois, il ne s'est vendu qu'à 1ᶠ 02ᶜ ; il y a donc eu perte de 60 cent. par 100 kil. dans le premier cas, et de 1 fr. 47 c. dans le second.

Ainsi, en comparant ce prix de vente au capital engagé, nous trouvons qu'il donne une rente brute de   23,868ᶠ

D'où déduisant les frais de fabrication et d'expédition, ensemble   14,040

Il reste net   9,828ᶠ

Ce qui représente un intérêt de 3 et ¼ pour cent seulement de la somme de 300,000 fr. engagée actuellement, ou de moins de 2 pour cent sur le capital engagé depuis la création du salin.

———

Dans cette note il y a la même omission que dans la précédente de 0ᶠ 247. Ce qui élèverait le prix de revient du sel à 1ᶠ 87ᶜ dans un cas, et à 2ᶠ 74ᶜ dans l'autre.

NOTE N° 14.

Salin Fraix à Bouc.

Le 29 ventôse, an XIII de la République, le sieur Balthazard Dol acquit le terrain où avaient existé les anciennes bourdigues de *Bange*, *Flauge* et *Andiaque*, avec l'intention de construire des salins sur les parties de ce terrain inutiles à la bourdigue dite des Plans qui s'y trouvait alors établie.

Par acte du 13 avril 1805, Dol vendit au sieur Badaraque la moitié de cet emplacement au prix de   40,000^f

L'autre moitié resta en société entre eux pour la construction de salins qui furent immédiatement ébauchés de compte à demi.

Par acte du 5 avril 1806, le sieur Dol vendit encore au sieur Badaraque la partie de terrain qui lui restait au prix de   120,000

Pour payer ces deux sommes au sieur Dol et autres ayant-droit, le sieur Badaraque contracta un emprunt de 150,000 fr. de M. Laurent Fraix ; mais par suite de l'inexécution de l'acte d'emprunt, il fut exproprié en 1809, et les salins furent adjugés à M. Laurent Fraix qui dut payer pour divers frais d'expropriation la somme de   10,000

Les salins ébauchés de 1805 à 1809 se trouvaient dans un état d'abandon complet lorsque M. Pierre Fraix, propriétaire actuel, les reçut de ses parents ; aussi ne put-il qu'en 1812, à force d'activité et de dépenses, obtenir une modique récolte de 400 quintaux métriques de sel.

À reporter   170,000^f

Report   170,000^f

Depuis cette époque jusqu'en 1850, c'est-à-dire dans quarante années de travail assidu, de constructions et d'améliorations coûteuses, de procès ruineux suscités contre lui, M. Fraix est parvenu à créer un salin coupé par un canal de plus de vingt mètres de largeur et creusé à 25 centimètres de profondeur, conditions imposées par l'administration maritime. Aussi, reste-t-il au dessous de la vérité, en affirmant que ces diverses dépenses, sans compter ses soins personnels, s'élèvent à la somme considérable de

350,000

<u>   </u>

Ce qui porte le revient de son établissement à

520,000

Son salin lui rapporte annuellement 20,000 quintaux métriques. Les 20,000 quintaux métriques lui coûtent :

1° Intérêt à 5 pour cent du capital d'achat et de construction

26,000^f

2° Mise sur le gravier, levage, frais divers, à 40 cent. les 100 kil.

8,000

3° Transport à bord et mesurage, à 0^f 10^c.

2,000

Total des dépenses   36,000^f

C'est donc 1^f 80^c que les 100 kil. de sel reviennent à ce propriétaire à Boue, et cependant depuis 1816 jusqu'à ce jour les 100 kil. se sont vendus moyennement à 1 fr.

Il est à remarquer que M. Fraix n'a compté l'intérêt qu'au cinq pour cent, qu'il n'a pas eu égard à la fonte, qu'il n'a pas de frais de gérance et qu'il ne tient pas compte du fonds de roulement ni de l'amortissement. Si nous recherchons à quel prix sa récolte devrait se vendre, déduction faite de la fonte, pour atteindre le montant de l'intérêt calculé à 8 pour cent, nous trouvons qu'il faudrait vendre les 100 kil. à

2^f 31^c

Plus pour fabrication etc.

50

Total par cent kil.   2^f 81^c

NOTE N° 15.

Salins de Peccais.

Avant le treizième siècle, il y avait des salins à Peccais. Les 15 salins existants dans le dix-septième siècle se réunirent en une seule société, afin d'éviter la concurrence et les bas prix résultant d'une trop forte production.

Les notions sur les dépenses de création de ces salins manquent ; mais pour montrer quelle était l'importance du capital engagé dans cette exploitation, il nous suffira de dire que pendant plusieurs années Peccais a été affermé à 250,000 fr. par an, et en sus la moitié des bénéfices réalisés par le fermier. Ce revenu, à une époque où un grand nombre de ces quinze salins n'étaient plus exploités, suppose un capital de six millions au moins.

Les inondations du Rhône de 1840 enlevèrent à Peccais plus de 120 millions de kilogrammes de sel et ravagèrent les salins. L'association des propriétaires fut contrainte de vendre à vil prix : elle obtint moins d'un million de sa propriété. La nouvelle société se mit aussitôt en mesure de relever, améliorer et agrandir les établissements dont l'étendue actuelle est de plus de 4500 hectares.

En 1842, les salins étaient restaurés ; un nouveau salin dans une position plus avantageuse était créé. La dépense de ce salin dépassait 600,000 fr. Tous les produits de la vente des sels de 1842 jusqu'en 1847 ont été dépensés en améliorations sur la propriété ; des sommes considérables ont été empruntées pour achever ces travaux. La dépense totale, faite depuis les inondations pour réparer et améliorer la propriété, dépasse la somme de deux millions qui, ajoutés au million dont il a été question ci-dessus, forment un capital de 3 millions auxquels s'élève pour les propriétaires actuels le revient de leur établissement. Si l'on ajoute à cette somme les 5,000,000 perdus par les anciennes asssociations, on a pour revient du capital depuis la création, la somme énorme de 8 millions, sans compter l'intérêt perdu depuis 1813 jusqu'à 1840.

La Société actuelle a donc engagé	3,500,000^f
Le fonds de roulement est de	500,000
L'intérêt au 8 pour cent s'élève au chiffre de	280,000^f
Le produit annuel est moyennement de	50,000,000^k

Il pourrait être beaucoup plus grand, mais on ne force pas la fabrication, parce qu'il serait impossible de déboucher de plus grandes quantités.

Il faut déduire pour déchet un dixième, soit	5,000,000
Il reste net	45,000,000^k

Pour obtenir un revenu qui couvrit l'intérêt au 8 pour cent, les 100 kil. devraient être vendus à

	0^f 62^c
Plus pour frais de fabrication	0 75^c
Pour amortissement	0 177
Coût total par 100 kil.	1^f 547

Si maintenant nous ajoutons aux 3,500,000 fr., actuellement engagés, la somme en principal perdue par les Compagnies antérieures, soit 5,000,000 fr. nous avons 8,500,000 fr. dont les intérêts au 8 pour cent s'élèvent au chiffre de 680,000 fr.

Pour se couvrir de cette somme, la récolte devrait être vendue au prix par 100 kil. de

	1^f 51^c
Plus pour frais de fabrication	0 75^c
Pour amortissement	0 177
Revient total des 100 kil.	2^f 437

NOTE N° 16.

Salin de la Marette.

Le salin de la Marette a été créé en 1844. Les propriétaires paient à la commune d'Aigues-Mortes une rente annuelle de 5,000 fr. Ils ont déboursé plus de 200,000 fr. pour la création du salin, qui, après un certain nombre d'années, redeviendra la propriété de la ville d'Aigues-Mortes.

Dans ces conditions, l'estimation à est bien inférieure au coût réel de ce salin.	300,000ᶠ
Le fonds de roulement s'élève à	50,000
Le capital engagé est donc de	350,000ᶠ
L'intérêt de cette somme au 8 pour cent est de	28,000ᶠ
L'amortissement pour rentrer dans les débours, de	10,000
Total	38,000ᶠ
La récolte est en moyenne de	4,000,000ᵏ
Dont il faut déduire pour déchet un dixième	400,000
Il reste net	3,600,000ᵏ

Pour obtenir le montant des intérêts, cette quantité doit être vendue par 100 kil. à

	1ᶠ 05ᶜ
Plus pour frais de fabrication	0 75
Total	1ᶠ 80ᶜ

NOTE N° 17.

Salins de Cette.

La compagnie des salins de Cette fut créée en 1779, au capital de 1,200,000 liv., en 240 actions. Peu d'années après, la mise de fonds était entièrement épuisée. L'établissement n'avait produit aucun revenu ; il était grevé en outre de 464,425 liv. de dettes. D'après le compte rendu de l'assemblée générale du 12 mars 1793, il avait été dépensé jusqu'à ce jour, intérêt compris, 3,729,000 fr. sans revenu pour les actionnaires. De l'an vii à 1813, il fut fait quelques dividendes annuels de 100 à 250 fr. ; mais à dater de 1813 jusqu'en 1826, les salins ne produisirent plus aucun revenu.

Ils furent vendus à cette époque à une nouvelle compagnie, et, liquidation faite des dettes, il resta à distribuer aux actionnaires environ 600 fr. pour chaque action qui revenait cependant à près de 20,000 fr. y compris l'intérêt.

La nouvelle compagnie a dépensé des sommes considérables pour remettre en bon état les salins qui, faute de produit, avaient été très mal entretenus. Les dépenses jointes au prix d'achat s'élè-vent maintenant à 750,000ᶠ

Le fonds de roulement est de 200,000

Le capital total est de 950,000ᶠ

L'intérêt à retirer de cette somme devrait être calculé a huit pour cent, ce qui donne 76,000 fr.

Pour retirer cette somme, voyons à quel prix il faudrait vendre le sel.

Le produit annuel est moyennement de	14,000,000^k
Si nous déduisons pour déchet un dixième	1,400,000
Il reste net	12,600,000^k
Qui devraient être vendus par 100 kil. à	0^f 60^c
Plus pour frais de fabrication	0 75
Et pour amortissement	0 177
Total du prix de revient des 100 kil.	1^f 527^m
Si au capital actuellement engagé, qui est de	950,000^f
Nous ajoutons la somme en principal perdue par l'ancienne société	3,576,000
Nous avons un total de	4,526,000^f

L'intérêt au 8 pour cent serait de 362,080 fr. Pour obtenir ce chiffre par la vente du produit net porté ci-dessus à 12,600,000 kil.

Il faudrait vendre les 100 kil. à	2^f 87^c
Plus pour frais de fabrication	0 75
Et pour amortissement	0 177
Total	3^f 797^m

NOTE N° 18.

Salin de Luno.

Le salin de Luno est d'une construction récente. Les débours des propriétaires s'élevaient en 1849 à 350,000 fr. Le fonds de roulement est de 50,000 fr. Au prix actuel de 1 fr. à 1 fr. 25 cent. par 100 kil. de sel, la perte dans ce salin doit être de 20,000 fr. à 25,000 fr. par an.

Ce salin produit en moyenne	2,500,000^k
Si on en déduit pour déchet le dixième	250,000
Il reste net	2,250,000^k

Pour que cette quantité produisît l'intérêt au 8 pour cent de la somme de 400,000 fr. engagée, soit 32,000 fr.

Elle devrait se vendre par 100 kil. à raison de	1^f 42^c
Plus pour frais de fabrication	0 75
Amortissement	0 177
Total du revient	2^f 347

NOTE N° 19.

Tous les établissements du Midi de la France représentent actuellement un capital de 25,236,750 fr.

La production totale moyenne est de   285,000,000 kil.

La vente moyenne de   160,000,000

La vente à l'intérieur de   75,000,000

Donc 100 kil. de sel produit exigent que l'on engage un capital de 8 fr. 885.

$$\text{Car} \quad \frac{25,236,750^f}{285,000,000^k} = 8^f\ 855$$

Donc 100 kil. sel vendu à toute destination exigent un capital de 15 fr. 773.

$$\text{Car} \quad \frac{25,236,750^f}{160,000,000^k} = 15^f\ 773$$

Donc 100 kil. de sel vendu à l'intérieur exigent un capital de 33 fr. 649

$$\text{Car} \quad \frac{25,236,750^f}{75,000,000^k} = 33^f\ 649$$

NOTE N° 20.

En se reportant à la note précédente, on trouve que le capital à engager est,

Dans la 1re hypothèse, de   8f 855
  «   2me   «   de   15f 773
  «   3me   «   de   33f 649

Or, l'intérêt de 8f 855 à 8 pour cent est   0f 708
  «   de 15f 773   «   «   1f 261
  «   de 33f 649   «   «   2f 691

Il en est de même de l'amortissement.

L'amortissement de 8f 855 à 2 pour cent est 0f 177
  «   15f 773   «   «   0f 315
  «   33f 649   «   «   0f 673

NOTE N° 21.

Revient de la Fabrication du Sel dans le Midi de la France.

Le calcul du prix de revient du sel peut être fait d'après les prix qui se pratiquent à forfait dans nos contrées.

On a traité dans l'*Hérault*, pour les frais de production du sel, à raison de 0f175 le demi hectolitre, mesuré en camelle dans les quinze jours qui suivaient la récolte, non compris les frais de couverture, fourniture de mules, matériel, contributions, qui restent à la charge des propriétaires du salin.

Dans le *Gard*, où le prix des journées est plus élevé, on a traité à des prix plus considérables. En 1818, la fabrication du sel de Peccais fut traitée à forfait à 0f275 les 50 kilogrammes. Le domaine de l'État, qui possédait deux salins dans le Gard, en avait donné la fabrication à forfait à 0 fr. 22 c. le demi hectolitre.

Dans les *Bouches-du-Rhône*, il y a des traités de fabrication, à Bouc, à 56 c. les 100 kil. mis à bord. Si l'on déduit de ces 56 c., le mesurage et la mise à bord qui est de 10 c., la fabrication ne ressort plus qu'à 46 c. les 100 k., soit 21 c. le demi hectolitre, de 45k

Dans les salins de *la Valduc*, il y a des traités de fabrication à des prix plus élevés. On donne des 100 kilogrammes cubés après la récolte 40c

A quoi il faut ajouter $\dfrac{40^c}{8}$, parce que le propriétaire de

Report   40^c

l'étang de la Valduc percevant un huitième brut du sel
en nature, les sept huitièmes utiles se trouvent grevés
des frais de ce huitième   05

Le déchet de 10 pour cent aggrave le prix de   04

La couverture des camelles est de   03

Les frais d'expédition et de transport à bord sont donnés
à forfait pour   40

Total du revient à la Valduc   92^c

Il n'y a donc pas exagération à adopter le chiffre de
0^f 20^c pour la fabrication du demi hectolitre   0^f 20^c

Frais de couverture du sel après le levage   0 015

Le sel n'est livré à la vente, ainsi que le prouvent
les existences que nous avons signalées dans l'Hérault
comparativement aux récoltes, que de un à deux ans
après la fabrication; dans le Gard ce délai va jusqu'à

trois ans.

Dans l'Ouest, on compte 20 pour cent de déchet après
six mois de fabrication; nous ne compterons que 15
pour cent pour tout ce délai de 2 à 3 ans, soit sur 20
centimes de fabrication.   0 030

Dans un salin produisant 300,000 demi hectolitres, le
coût des mules nécessaires pour élever les eaux est
de   22,500^f

Le coût du matériel est de   12,500

35,000^f

En évaluant le dépérissement à 10 pour
cent, on trouve qu'il faut compter cet article à   3,500^f

Ajoutons les contributions annuelles   6,200

On a pour 300,000 demi hectolitres une

dépense de   9,700^f

À reporter.   0^f 245

Report.	0ᶠ 245

Soit pour un demi hectolitre   0 032

Le sel étant vendu sur charrette ou sur barque, les frais de pesage et de chargement doivent être compris; ils varient suivant les salins de 0 fr. 02 c. à 0 fr. 05 c. le demi hectolitre, quelquefois même ils s'élèvent à 0 fr. 10 c.; prenons pour moyenne   0 043

Le demi hectolitre chargé sur charrette ou en barque revient à   0ᶠ 320

Or, le chiffre de 0 fr. 32 c. le demi hectolitre correspond à un revient de 0 fr. 71 c. par 100 k. au poids moyen de 45 k. le demi hectolitre   0ᶠ 71ᶜ

Frais de surveillance et frais généraux   0 04

Le prix de revient doit donc être évalué en totalité à   0ᶠ 75ᶜ

Ce prix de 0 fr. 75 c. est même inférieur au prix réel dans quelques localités, parce que dans ce mode d'exploitation, il n'est pas tenu compte de certaines dépenses d'extraction et d'amélioration qui ne sont pas comprises dans une fabrication à forfait.

Il est à peu près conforme au résultat moyen obtenu sur le salin de Berre dans sept années d'exploitation et dont voici le détail :

Frais fixes de fabrication.

Contributions	0ᶠ 035	
Élévation des eaux	0 165	
Personnel fixe	0 060	0ᶠ 45ᶜ
Entretien et travaux divers	0 120	
Frais généraux d'administration	0 070	
À reporter		0ᶠ 45ᶜ

Report.   0^f 45^c

Frais proportionnels.

Levage	0^f 16^c	
Couvertures de camelles	0 03	0^f 27^c
Mise sur char ou à bord	0 08	

Total du revient des 100 k. à Berre   0^f 72^c

A Berre, le prix de revient de la fabrication est donc de   0^f 72 par 100 k.

A Bouc, il est de   0 78   »

Dans l'Hérault, de   0 75   »

Dans le Gard, le prix est plus élevé.

Nous croyons, en conséquence, devoir adopter la moyenne de 0 fr. 75 c., en comptant sur ce revient, 0 fr. 45 c. pour frais fixes et 30 c. pour frais proportionnels.

Les frais fixes sont de 45 c., s'ils sont supportés par toute la production, soit par 285,000,000 kil.; ils sont de 80 c. s'ils sont supportés par tous les sels vendus, et de 1 fr. 71 c. s'ils sont supportés seulement par les sels vendus à l'intérieur sous acquittement des droits.

NOTE N° 22.

Tableau du Revient des Sels du Midi.

SOUS-DÉTAIL du prix de revient.	MONTANT DU SOUS-DÉTAIL, suivant que l'on fait peser les charges diverses.		
	SUR toute la production, SOIT sur 285,000,000 kil	SUR toute la vente, SOIT sur 160,000,000 kil.	SUR LA VENTE sous acquit des droits SOIT sur 75,000,000 kil.
Intérêt du capital	0f 708	1f 261	2f 691
Amortissement	0 177	0 315	0 673
	0f 885	1f 576	3f 364
Fabrication { Frais fixes	0f 45c } 0 750	0f 80c } 1f 100	1f 71c } 2f 010
Fabrication { Frais proportionnels	0 30 }	0 30 }	0 30 }
Totaux	1f 635	2f 676	5f 374

Dans l'Ouest, la récolte du sel est partagée entre le propriétaire et le paludier dans la proportion suivante :

Un quart pour le paludier qui supporte les frais de production ;

Trois quarts pour le propriétaire du marais.

En procédant par comparaison, la part afférente au paludier, représente, dans le Midi, les frais de production s'élevant rigoureusement pour la production totale à 0ᶠ 75ᶜ

pour la vente totale à 1 10

pour la vente à la consommation à 2 01

Au lieu d'attribuer trois quarts à la propriété et un quart au saunier, faisons une réduction, et attribuons un tiers au saunier et deux tiers seulement à la propriété. La part afférente au salin devra être, dans ce cas, de 0ᶠ 75ᶜ × 2 = 1ᶠ 50ᶜ et nous ne comptons que 0ᶠ 94ᶜ

1 10 × 2 = 2 20 «   «   1 67

2 01 × 2 = 4 02 «   «   3 57

Nous avons donc pour la part du capital des évaluations comparativement moindres que celles que l'on a établies pour l'Ouest.

Nous devons faire remarquer en outre que, dans nos contrées, pour une quantité donnée de travail, un hectare de salin produisant beaucoup plus de sel que dans l'Ouest, au lieu de réduire la part du salin ou du capital des trois quarts aux deux tiers, elle devrait être en réalité élevée aux quatre cinquièmes, ce qui donnerait un résultat beaucoup plus considérable pour la part du capital à faire entrer dans le prix de revient. Notre évaluation est donc très modérée sous ce rapport.

NOTE N° 23.

Salin de Citis.

L'établissement du salin de Citis a été donné à forfait à la somme de   1,520,000 fr.

Ce chiffre a été dépassé de beaucoup par diverses dépenses particulières; on doit cependant s'y arrêter.

Il faut y ajouter :

1° Le capital d'une rente de 1,100 fr. servie aux anciens propriétaires   22,000

2° Les pertes d'intérêt pendant la construction   400,000

3° Le matériel d'exploitation et de transport   150,000

4° Fonds de roulement   150,000

Capital engagé   2,242,000 fr.

L'intérêt de cette somme calculé au 8 pour cent est de   179,360 fr.

Le salin peut produire de 150,000 à 200,000 quintaux métriques. Prenons en moyenne 175,000   175,000 q.m.

Il faut en déduire la redevance d'un huitième due à M. de Galliffet, soit   21,875 q.m.

Et un dixième pour déchet jusqu'à la vente   15,312   37,187

Il reste net   137,813 q.m.

Les frais de fabrication s'élèvent par 100 kil. à   0 fr. 50 c.

Transport du salin au port d'embarquement, sac
et commission   0   20

Total   0 fr. 70 c.

Pour que la récolte produise à la vente une somme suffisante
pour couvrir ces 0 fr. 70 c. plus l'intérêt du capital engagé, il
faut que les 100 kil. soient vendus en moyenne au prix de 2 fr.,
savoir :

Fabrication   0 fr. 70 c.

Intérêt du capital   1   30

Total   2 fr.   »

NOTE N° 24.

Salin du Plan d'Aren.

La création de ce salin a coûté des sommes énormes. Un million était hypothéqué sur cette propriété, lorsqu'elle fut achetée de Bodin fils et Cⁱᵉ de Lyon et de Chaptal, fils, de Paris, suivant acte passé devant Mᵉ Rousseau, notaire à Paris, les 24 et 26 août 1849, au prix de   219,540ᶠ
y compris les frais.

Une autre partie a été achetée des hoirs Bourgarel de Marseille, par adjudication définitive, suivant ordonnance de M. Dumas, juge-suppléant au tribunal de 1ʳᵉ instance de Marseille, à la date du 5 août 1820, frais compris, au prix de   58,387   47ᶜ

Dépenses du 31 mars au 31 juillet 1825, savoir:

Pour déblai et port de 10,136 mètres cubes de terre à 0 fr. 75 c. le mètre cube 7,602ᶠ

Construction d'un bâtiment pour loger une machine à vapeur, main-d'œuvre et fourniture de maçonnerie   7,453 09ᶜ

Travaux d'amélioration de la saline, étrangers à la fabrication   6,798 06   32,659   49

Construction d'un aqueduc et moulin à vent   9,406 34

Confection de trois bassins et agrandissement de trois autres   1,400   »

Payé en 1825 et 1826 à MM. Mamby, Wilson et Cⁱᵉ, de Charanton, pour achat et pose d'une machine à vapeur à haute pression, de la force de 12 chevaux   53,430   55

Changement de disposition des tables, de 1828 à 1845, argilage, construction de digues et canaux   34,250   15

Frais, en 1846, pour mettre à basse pression la machine à vapeur ci-dessus désignée, chan-

        A reporter.   398,267ᶠ   66ᶜ

Report. 398,267 fr. 66 c.

gement des chaudières, transport de cette machine sur les bords de la Valduc et construction
du bâtiment pour la recevoir 23,830   »

422,097 fr. 66 c.

Fonds de roulement 50,000   »

Total .... 472,097 fr. 66 c.

L'intérêt de cette somme au 8 pour cent est
de 37,767 francs.

Le plan d'Aren récolte moyennement par
année .... 40,000 q^m

En déduisant la redevance due à M. de Galliffet, soit environ .... 5,000 q^m

Plus un dixième pour déchet
jusqu'à la vente 3,500

8,500 q^m

Il reste net .... 31,500 q^m

Les frais de fabrication sont .... 0^f 45^c

«   de couverture 0 03

«   d'expédition 0 09

«   de voiture au port d'embarque-
ment ou soit à la gare du plan d'Aren 0 16

Frais d'embarquement, sacs, courtage et
entretien de la route du plan d'Aren à la gare 0 10

Revient du sel à la gare .... 0^f 83^c les 100^k

Non compris le transport à Bouc qui est de 15 c. les 100 kil.
transbordés.

Pour que la récolte produise un bénéfice capable de couvrir les 0 fr. 83 c., plus les intérêts indiqués plus haut, il faut
que les 100 kil. se vendent à 2 fr. 20 c., si on prend pour base
seulement la somme engagée par la Compagnie actuelle, savoir :

Frais .... 0^f 830
Intérêts 1 190
Amortissement 0 177

2^f 197

FIN.